信息化时代
财务管理体系建设

李莹 宿洁 李牧 著

河北大学出版社
·保定·

出 版 人：刘相美
责任编辑：李丽华
装帧设计：王占梅
责任校对：刘景坤
责任印制：常　凯

XINXIHUA SHIDAI CAIWU GUANLI TIXI JIANSHE

图书在版编目（CIP）数据

信息化时代财务管理体系建设/李莹，宿洁，李牧著．--保定：河北大学出版社，2024.8.--ISBN 978-7-5666-2472-7

Ⅰ.F275-39

中国国家版本馆CIP数据核字第2024MX1540号

出版发行：河北大学出版社
地址：河北省保定市七一东路2666号　邮编：071000
电话：0312-5073003　0312-5073029
网址：www.hbdxcbs.com
邮箱：hbdxcbs818@163.com
经　　销：全国新华书店
印　　刷：涿州市般润文化传播有限公司
幅面尺寸：170 mm × 240 mm
字　　数：170 千字
印　　张：12.5
版　　次：2024 年 8 月第 1 版
印　　次：2024 年 8 月第 1 次印刷
书　　号：ISBN 978-7-5666-2472-7
定　　价：30.00元

如发现印装质量问题，影响阅读，请与本社联系。
电话：0312-5073023

前言

财务管理是财会类专业的一门核心课程，也是经济类与管理类本科各专业的一门必修课程，是一门融预测、决策、投资、运营、分配和分析评价于一体的经济管理课程。课程内容设计是基于已经掌握会计学原理、财务会计的相关基础知识，目的是加强学生对财务管理理论与实务的全面了解。它已公司为对象，依托相关法律规章制度，利用价值形式，对企业经营过程中客观存在的财务活动进行有效组织，对客观存在的财务关系进行恰当处理。

信息化时代的到来催生了社会各领域的变革，信息技术在中国经济信息化以及全球化方面发挥着越来越重要的作用，其中，计算机及互联网在中国财务管理中也实现了有效的应用。在会计信息化的背景下，企业的财务管理工作迎来了新的发展时机，可以会所，现阶段的企业财务管理工作正逐步向信息化迈进。

本书一共有七章。第一章讲的是财务管理基本理论；第二章介绍了大数据时代下的财务管埋信息融合；第三章讲述了信息化背景下财务管理的大数据体系构建；第四章介绍了基于”互联网＋”的财务管理；第五章介绍了基于人工智能的会计与财务管理探索；第六章讲述了管理会计信息化服务平台的构建与规划；第七章基于智能化财务管理未来发展方向进行分析。

在撰写本书的过程中，笔者查阅和借鉴了大量的相关资料，在此，向其作者表示诚挚的感谢。此外，本书在编写的过程中，也得到了相关专家和同行的支持与帮助，在此一并致谢。由于水平有限，时间仓促，书中难免出现纰漏，敬请广大读者批评指正。

目 录

第一章　财务管理基本理论

企业财务管理是企业组织财务活动、处理财务关系的一项经济管理工作。企业财务管理是公司管理的一个重要组成部分，是社会经济发展到一定阶段的产物。本章论述财务管理及内容、财务管理的目标、财务管理的原则与环境。

第一节　财务管理及内容

一、财务的认知

财务源于公有财产日渐减少、私有财产观念萌芽的出现，是伴随着商品货币的产生而产生，并随着市场经济的发展而发展的重要经济范畴。

“财务”一词英文为“finance”，也译为“金融”。财务是组织财务活动、处理财务关系的统称。企业财务是企业在再生产过程中客观存在的企业财务活动及其所体现的经济利益关系的总称。财务活动是通过资金运动体现出来的，它的基本构成要素是投入和运用着的企业资金。资金是财产物资价值的货币表现（包括货币本身）。资金要素能够反映运动者的价值，其实质是在生产过程中运动着的价值。

资金的特点有五项，分别包括：①垫支性。即预付性，资金首先表现为资本的垫支，垫支是交换并实现价值形态转化的前提，资金的垫支性赋予了对资本保值的要求。②物质性。资金以资产为价值载体，资产是企业的生产经营要素，要求资金在各种资产形态中同时存在并合理分布。③增值性。资金循环与周转的根本目的是价值增值，资本增值是资本所有权对资本使用权的根本要求。④周转性。资金必须通过运动才能增值，资金的运动过程就是资本价值形态的转换过程，这就要求必须保持资金形态的依次继起和流动性。⑤独立性。价值是资金运动的主体，资金的独立性意味着企业资金运动有一个完整的运动过程，可能会脱离企业物资运动而相对独立存在并运行。

在市场经济条件下，产品依然是使用价值和价值的统一体。企业再生产过程通常具有两重性，它既是使用价值的生产和交换过程，又是价值的形成和实现过程。在这个过程中，劳动者将生产中消耗掉的生产资料的价值转移到产品中，并创造出新的价值，通过实物商品的出售，使转移价值和新创造的价值得以实现。一切经过劳动加工创造出来的物质资源都具有一定的价值，它既包括物化劳动耗费的货币表现，又包括活劳动耗费的货币表现。

在再生产过程中，物质资源价值的货币表现就是资金，企业在从事生产经营活动的同时，客观上必然存在着资金及其运动。企业的目标就是要不断创造价值。在价值创造的过程中，存在以下两种不同性质的资金运动：

第一，以实物商品为对象的实物商品资金运动。在企业的商品资金运动过程中，现金资产转化为非现金资产，非现金资产转化为现金资产，这种周而复始的流转过程无始无终、不断循环，形成实物商品的资金运动。

第二，以金融商品为对象的金融商品运动。金融商品可狭义地理解为各种能在金融市场反复买卖，并有市场价格的有价证券。企业买卖金融商品的过程是不断进行、周而复始的，形成金融商品的资金运动。在企业的实物商品与金融商品的资金运动过程中，必然体现为一种价值运动，这种价值运动称为资金运动。

二、财务管理的认知

（一）财务管理的本质

“财务管理是以现金收入和支出为主要内容的企业收支活动，其核心是成本管理和收入管理。财务管理是对企业的管理职责、财务目标、经营方针的分析与确定，同时在财务管理过程中实现其所有管理职能的活动。其主要内容贯穿在企业的全部活动中，它的实施需要全体员工积极参与并承担一定的责任。”[①]

财务按照财务活动的不同层面可以分为三大领域：①宏观层面中通过政府财政和金融市场进行的现金资源的配置。现金资源的财政配置属于财政学的范畴，现金资源的市场配置通过金融市场和金融中介来完成。②中观层面上的现金资源再配置，表现为现金资源的所有者的投资行为，属于投资学的范畴。投资学研究的是投资目的、投资工具、投资对象、投资策略等问题，投资机构为投资者提供投资分析、投资咨询、投资组合、代理投资等服务。③微观层面上的企业筹集、配置、运用现金资源开展营利性的经济活动，为企业创造价值并对创造的价值进行合理分配，形成企业的财务管理活动。

企业财务管理集中于企业如何才能创造并保持价值，以达到既定的经营目标。企业的财务管理人员从资本市场为企业筹集资金，并把这些资金投入企业决定经营的项目中，变成企业的实物资产。通过有效的生产和经营，企业获得净现金流入量，并把其中一部分作为投资回报分给股东和债权人，而另一部分留给企业用于再投资，同时企业还要完成为国家缴纳税款的义务。资金在金融市场和企业之间的转换和流动正是财务管理所起的作用。在高度不确定的市场环境中，财务管理已成为现代企业经营管理的核心，关系企业的生存和发展。财务管理人员只有把企业的筹资、投资和收益分配等决策做好，企业才能实现资产增值的最大

① 倪向丽．财务管理与会计实践创新艺术［M］．北京：中国商务出版社，2018.

化，才能有较强的生存和发展潜能。否则，企业将陷入财务困境，甚至有破产的风险。

1. 企业财务活动

企业财务活动是以现金收支为主的企业资金收支活动的总称，具体表现为企业在资金的筹集、投资及利润分配活动中引起的资金流入及流出。

（1）企业筹资引起的财务活动。企业从事经营活动，必须有资金。资金的取得是企业生存和发展的前提条件，也是资金运动和资本运作的起点。企业可以通过借款、发行股票等方式筹集资金，表现为企业的资金的流入。企业偿还借款、支付利息、股利以及支付各种筹资费用等，则表现为企业资金的流出。这些因为资金筹集而产生的资金收支，便是由企业筹资引起的财务活动。

企业需要多少资金、资金从哪来、以什么方式取得、资金的成本是多少、风险是否可控等一系列问题需要财务人员去解决。财务人员面对这些问题时，一方面要保证筹集的资金能满足企业经营与投资的需要；另一方面要使筹资风险在企业的掌握之中，以免企业以后由于无法偿还债务而陷入破产境地。

（2）企业投资引起的财务活动。企业筹集到资金以后，使用这些资金以获取更多的价值增值，其活动即为投资活动，相应产生的资金收支便是由企业投资引起的财务活动。

投资活动包括对内投资及对外投资。对内投资主要是使用资金以购买原材料、机器设备、人力、知识产权等资产，自行组织经济活动方式获取经济收益。对外投资是使用资金购买其他企业的股票、债券或与其他企业联营等方式获取经济收益。

在对内投资中，公司用于添置设备、厂房、无形资产等非流动资产的对内投资由于回收期较长，又称对内长期投资。对内长期投资通常形成企业的生产运营环境，是企业经营的基础。企业必须利用这些生产运营环境，进行日常生产运营，组织生产产品或提供劳务，并最终将所产产品或劳务变现方能收回投资。日常生产运营活动也是一种对内投资活动，这些投资活动主要形成了应收账款、存货等流动资产，资金回收期较短，故又被称为对内短期投资。

企业有哪些方案可以备选投资、投资的风险是否可接受、有限的资金如何尽可能有效地投放到最大报酬的项目上，是财务人员在这类财务活动中要考虑的主要问题。财务人员面对这些问题时，一方面，要注意将有限的资金尽可能加以有效地使用以提高投资效益；另一方面，要注意投资风险与投资收益之间的权衡。

（3）企业利润分配引起的财务活动。从资金的来源看，企业的资金分为权益资本和债务资本两种。企业利用这两类资金进行投资运营，实现价值增值。这个价值增值扣除债务资本的报酬，即利息之后若还有盈余，为企业利润总额。我国相关法律法规规定企业实现的利润应依法缴纳企业所得税，缴纳所得税后的利润为税后利润，又称为净利润。企业税后利润还要按照法律规定按顺序进行分配：①弥补企业以前年度亏损；②提取盈余公积；③提取公益金，用于支付职工福利设施的支出；④向企业所有者分配利润。这些活动即为利润分配引起的财务活动。

利润分配活动中尤为重要的是向企业所有者分配利润。企业需要制定合理的利润分配政策，相关政策既要考虑所有者近期利益的要求，又要考虑企业的长远发展，留下一定的利润用作扩大再生产。

2. 企业财务关系

“现代企业财务的本质是资金运动背后的各财务主体之间的财务关系，各种财务关系之间是不断变动调整的。”[①] 企业在组织财务活动的过程中与其利益相关者之间发生的经济关系即为企业财务关系。在企业发展过程中，离不开各种利益相关者的投入或参与，比如股东、政府、债权人、雇员、消费者、供应商，甚至是社区居民。他们是企业的资源，对企业生产经营活动能够产生重大影响。企业要照顾到各利益相关

① 杨乐兴．基于要素资本理论的企业财务关系研究［J］．会计之友，2013（7）：14.

者的利益才能使企业生产经营进入良性循环状态。

（1）企业与其所有者之间的财务关系。企业的所有者是指向企业投入股权资本的单位或个人。企业的所有者必须按投资合同、协议、章程等的约定履行出资义务，及时提供企业生产经营必需的资金；企业利用所有者投入的资金组织运营，实现利润后，按出资比例或合同、章程的规定，向其所有者分配利润。

（2）企业与其债权人之间的财务关系。企业除利用所有者投入的资本金进行经营活动外，还会向债权人融入一定数量的资金以补充本金的不足或降低企业资本成本。企业债权人是指那些对企业提供需偿还的资金的单位和个人，包括贷款债权人和商业债权人。贷款债权人是指给企业提供贷款的单位或个人；商业债权人是指以出售货物或劳务形式提供短期融资的单位或个人。企业利用债权人的资金后，对贷款债权人，要按约定还本付息；对商业债权人，要按约定时间支付本金；若约定有利息的，还应按约定支付利息。企业同其债权人之间体现的是债务与债权的关系。

（3）企业与其受资者之间的财务关系。企业投资除了对内投资以外，还会以购买股票或直接投资的形式向其他企业投出股权资金。企业按约定履行出资义务，不直接参与被投资企业的经营管理，但是按出资比例参与被投资企业的利润及剩余财产的分配。被投资企业即为受资者，企业同其受资者之间的财务关系体现的是所有权与经营权的关系。

（4）企业与其债务人之间的财务关系。企业经营过程中，可能会有闲置资金。为有效利用资金，企业会去购买其他企业的债券或向其他企业提供借款以获取更多利息收益。另外，在激烈的市场竞争环境下，企业会采用赊销方式促进销售，形成应收账款，这实质上相当于企业借给购货企业一笔资金。在这两种情况下，借出资金的企业为债权人，接受资金的企业即为债务人。企业将资金借出后，有权要求其债务人按约定的条件支付利息和归还本金。企业同其债务人的关系体现的是债权与债务关系。

（5）企业与国家之间的财务关系。国家作为社会管理者，担负着维护社会正常秩序、保卫国家安全、组织和管理社会活动等任务。国家为企业生产经营活动提供公平竞争的经营环境和公共设施等条件，为此所发生的费用须由受益企业承担。企业承担这些费用的主要形式是向国家缴纳税金。依法纳税是企业必须承担的经济责任和义务，以确保国家财政收入的实现；国家秉承着“取之于民、用之于民”的原则，将所征收的税金用于社会各方面的需要。企业与税务机关之间的关系反映的是依法纳税和依法征税的义务与权利的关系。

（6）企业内部各单位之间的财务关系。企业是一个系统，各部门之间通力合作，共同为企业创造价值。因此，各部门之间关系是否协调，直接影响企业的发展和经济效益的提高。企业目前普遍实行内部经济核算制度，划分若干责任中心、分级管理。企业为了准确核算各部门的经营业绩，合理奖惩，各部门间相互提供产品和劳务要进行内部结算，由此产生了资金内部的收付活动。企业内部各单位之间的财务关系实质体现的是在劳动成果上的内部分配关系。

（7）企业与员工之间的财务关系。员工是企业的第一资源，员工又得依靠企业而生存，两者相互依存。正确处理好公司与员工之间的关系，对于一个公司的发展尤为重要，也是一个公司发展壮大的不竭动力。员工为企业创造价值，企业将员工创造的价值的一部分根据员工的业绩作为报酬（包括工资薪金、各种福利费用）支付给员工。企业与员工之间的财务关系实质体现的也是在劳动成果上的分配关系。

（二）信息技术对财务管理的影响

近年来，以云计算、大数据、移动互联为代表的新技术的出现，为财务管理信息化提供了新的模式和方法。

1. 大数据技术的影响

大数据是指数据规模大，尤其是因为数据形式多样性、非结构化特征明显，导致数据存储、处理和挖掘异常困难的一类数据集。大数据需要管理的数据集规模很大，数据的增长快速，类型繁多，如文本、图像和视频等。处理包含数千万个文档、数百万张照片或者工程设计图的数据集等，如何快速访问数据成为核心挑战。

大数据是人类活动的产物，来自人们认识世界与改造世界的过程中，是生产与生活在网络空间的投影。通常将其归纳为 5 个“V”：Volume（数据量），Variety（多样性），Value（价值），Velocity（速度），Veracity（真实性）。

第一，数据容量巨大。Volume 代表数据量巨大，一般说来，超大规模数据是处在 GB（即 109）级的数据，海量数据是指 TB（即 1012）级的数据，而大数据则是指 PB（即 1015）级及其以上的数据。随着存储设备容量的增大，存储数据量的增多，容量的指标是动态变化的，也就是说，还会增大。下一代计算机存储单位还会出现 BrontoByte、GegoByte 等存储单位。

第二，数据类型多。Variety 代表数据类型繁多，由于大数据主要来自互联网，所以大数据包含多种数据类型。例如，各种声音和电影文件、图像、文档、地理定位数据、网络日志、文本字符串文件、元数据、网页、电子邮件、社交媒体供稿、表格数据等。其中，视频、图片和照片日志为非结构化数据，网页为半结构化数据。

第三，价值密度低。数据价值密度低，以视频为例，连续不间断监控过程中，可能有用的数据仅仅有一两秒，难以进行预测分析、运营智能、决策支持等计算，通常利用价值密度比来描述这一特点。随着物联网的广泛应用，信息感知无处不在，信息海量。如何通过强大的机器算法更迅速地完成数据的价值提纯，是大数据亟待解决的难题。

第四，数据传播迅速。实时数据的数据变化率很快，可以通过快速地处理数据，进而创造真正的价值。传统技术不适于大数据高速储存、管理和使用。因此，应研究新的方法。如果数据创建和聚合速度非常快，就必须使用迅速的方式来揭示其相关的模式和问题。发现问题的速度越快，就越有利于从大数据分析中获得更多的机会与结果。

第五，真实性。真实性是指数据是能标识的，而不是假冒的。不真实的数据需要清洗、集成和整合之后才可以进行分析。也就是说，采集来的大数据不能保证完全真实性，但大数据分析需要真实的数据。

随着大数据的应用，企业决策过程也逐渐从领导者决策向决策和控制协同过渡。Web等技术的应用将进一步提高企业各个层级参与财务管理活动的可行性，决策和控制过程也将从管理层决策过渡到企业内部和外部的协同决策。大数据的应用是基于云计算进行的，因此，财务管理信息化可以充分借助这一平台，实现资源的高度共享和充分利用。财务决策和分析过程将不再是孤立的决策行为，而是借助开发平台，通过科学分析获得有助于财务管理能力提升的系统决策。

2. 云计算技术的影响

（1）云计算的特点。从本质上来看，云计算是一种虚拟计算资源，能够自我维护和管理，由多个大型服务器组成，包括计算服务器、存储服务器、宽带资源等。云计算集中了各种计算资源，在特定软件上进行自我管理，不需要人为干预。用户可以随时获取所需资源，各种应用程序都可以运转，不用在意无关紧要的细节，便于用户集中精力处理业务，工作效率大大提高，同时成本也得到降低。

云计算是一种新型的计算模式，具有可扩展性、灵活自如、根据需要使用等特点，受到学界和业界的一致好评。云计算的基本特点主要有以下方面：

第一，提供自助服务，客户可以根据自身需要使用。客户不需要和提供云计算服务的开发商交流，可以直接获取相关服务器、网络存储、计算能力等资源，也可以根据自身需要将不同资源组合。

第二，网络访问方式多样化。客户可以使用多种类型的客户端在互联网上访问资源池，如手机、平板电脑、工作站点等。

第三，资源池客户不需要了解资源的具体位置，可以根据自身需要直接从资源池中获取各种计算资源，资源池也可以动态扩展，进行自我分配。

第四，速度快且弹性大。云计算提供的计算能力在分配和释放方面弹性大，如有需求也可以自动快速伸缩。换句话说，计算能力的分配通常是没有限制的，打破了时间和数量的限制。

第五，可评测的服务。根据存储、处理、活跃用户账号等方面的具体情况，云计算系统可以自动控制，使资源分配更合理，还可以为客户提供数据服务，让服务更加透明化。

第六，云计算与网格计算、全局计算以及互联网计算等多种计算模式相比，其客户界面友好。客户在使用云计算时可以遵照先前的工作习惯，保留原来的工作环境，只要安装较小的云客户端软件就可以，占用内存小，安装成本也比较低。云计算的界面和客户所在的地理位置没有直接关系，利用类似于 Web 服务框架和互联网浏览器等成熟的界面就可以直接访问，没有时间地点的限制，更加安全可靠，用户能够更便捷地享受云计算提供的各种资源和服务。

第七，根据需要配置服务资源。云计算提供的资源和服务完全根据客户自身的需求或购买权限配置，客户在选择计算环境时可以结合自身的具体情况，而且享有管理特权。

第八，能够保证服务质量。云计算为客户提供的计算环境质量都有保证，客户完全不需要担心质量问题，底层基础设施建设和维护等方面都安全可靠。

第九，拥有独立系统。云计算这一系统完全独立，管理模式也是透明化的。云计算的软件、硬件和数据可以实现自动化配置和强化，客户看到的也是单一的平台。

第十，具有可扩展性和极大的弹性。这是云计算最重要的特征，也是将云计算和其他计算区分开来的本质特征。云计算服务可以向多方面扩展，如地理位置、硬件功能、软件配置等。而且云计算具有极大的弹性，能够满足客户多样化的需求。

（2）云计算与财务管理。财务管理信息化的进程本身就有较强的个性化需求和较大的灵活性，云计算模式的出现，为财务管理信息化资源整合和集约化应用提供了新的选择。云计算可以帮助企业以较低成本构建财务管理信息化平台，并灵活便捷地获取支持财务管理活动的各项资源。

3. 互联网技术的影响

（1）互联网的特点。互联网中，网的意义不仅在于简单的网络连接，而更重要的是交互，以及通过互动衍生出来的种种可持续发展的特性，从而最有效地提高生产效率和资源利用率，使人类发展水平得到提升。互联网所构建的是一个能实现人与物、物与物的信息交换和共享的网络信息系统，其重要基础就是互联网。整个信息系统的运行都是在互联网的运行下所开展的，可以说，互联网是互联网接入方式和端系统的延伸，也是互联网服务的拓展。

互联网有效整合了物质世界和信息世界。通常，人们将互联网理解为一个动态的全球信息基础设施，其实质在于，将世界上的人、物、网和社会融合为一个有机的整体，在互联网的基础上，使世界上人类的生活活动、生产活动、经济运作、社会活动更加智能化地运行。

计算机网络具有较强的数据通信能力，成本低、效益高，易于分布处理，系统灵活性高、适应性强。各计算机既相互联系，又相互独立。由于计算机网络的类型很多，因此其特性也有很多，基本特性如下：

第一，连通的任意性。连通的任意性指计算机网络中的任意两个用户之间都可以互通信息，这不仅是计算机网络必须满足的基本特性，也是对计算机网络的基本要求。

第二，信息的透明性。信息的透明性是指计算机网络不应对进行信息传输的用户有太多的要求，其信息不管是音频信息、视频信息等都可以进行传输。一个理想的计算机网络，应使用户的任何形式的信息都能在网络中传递。当然，这种要求不是指不合法的要求或心存恶意的要求。目前，透明性是指对用户提出尽可能少的要求、限制，从而发挥计算机网络的最大效用。

第三，网络服务的可靠性。可靠性是从概率上说的，是指平均故障间隔时间或平均运行率是否达到要求。计算机网络系统摆脱了中心计算机控制结构数据传输的局限性，并且信息传递迅速，系统实时性强。网络系统中相连的计算机能够相互传送数据信息，使相距很远的用户之间能够即时、快速高效、直接地交换数据。

第四，灵活性好。灵活性是指当一个网络建成后，也允许新用户或新业务顺利入网。如果一个网络建成后，不允许新用户或新业务进网，也不能与其他网络互联，这样的网络是不合要求的。

第五，服务种类多样化。在计算机网络中，双方既可以进行文字的交流，也可以交换和共享数据信息；既可以进行真诚的语音交流，也可以进行富有感情色彩的多媒体信息交流。网络向高性能发展，追求高速、高可靠和高安全性，采用多媒体技术、提供文本、声音、图像等综合性服务。总之，现代通信网提供了丰富多彩、灵活多样的信息服务。

(2) 互联技术对财务管理应用的扩展。

第一，移动互联技术将进一步改变财务管理的组织结构和流程，企业组织结构将进一步扁平化，控制层级减少，控制幅度加大。

第二，移动互联技术的应用将进一步打破财务管理活动的边界，决策的复杂度进一步提高，对决策的时效性要求显著提升，实时控制将成为可能。

第三，移动互联技术可以帮助企业构建决策和控制一体化的财务管理流程，实现决策过程向控制过程的嵌入，并借助物联网技术实现智能化的过程控制。

三、财务管理的内容

(一) 资金筹集管理

资金筹集是指融通资金，需要解决的问题是如何取得企业所需要的资金。资金筹集管理的目标是从厘清和权衡不同筹资渠道的权益关系入手，采取适当的筹资方式进行科学的筹资决策，以尽可能低的资金成本和财务风险来筹集企业所需要的资金。

企业可选择银行借款、发行债券、发行股票、融资租赁、利用商业信用等若干方式融通资金。通过这些融资方式筹集的资金按照不同的权益关系可以分为权益性质的资金和负债性质的资金，以及按照资金的周转期间长短不同可分为长期资金和短期资金两种。一般而言，企业不能完全通过权益资金实现筹资，因为权益筹资方式资金成本较高，易分散公司的经营管理权，并且不能享受到财务杠杆的利益。但负债比例也不能过高，因为负债比重过高则导致较大的财务风险，如超出了企业能够承受的限度，随时可能引发财务危机。所以，筹资管理要解决的一个首要问题是如何安排权益资金和借入资金的比例。筹资管理要解决的另一个问题是如何安排长期资金和短期资金的比例。长期资金与短期资金的筹资速度、资金成本、筹资风险及使用资金所受的限制是不同的。

企业筹资管理的主要内容是筹资规模的确定和最优资金结构的运筹。由于筹资与投资、收益分配有密切的联系，筹资的规模大小要充分考虑投资的计划和股利分配政策。因此，筹资决策的关键在于追求筹资风险和筹资成本相匹配的情况下，实现最优的资金结构。

（二）资金投放管理

资金投放简称投资，是指运用资金，所要解决的问题是如何将企业收回的资金和筹集的资金投放出去，才能取得更多的收益。企业资金投放管理的目标是以投资风险——收益对等原则为支撑，正确选择投资方向和投资项目，合理配置资金，优化资产结构和有效运用资产，以获得最大投资收益。

企业可以将资金投放于购买设备、兴建厂房、购买材料、开发新产品及开办商店等，也可以将资金投放于购买企业股票和债券及购买政府公债等。企业的投资决策按不同的标准可以分为对内投资和对外投资及长期投资和短期投资。

对内投资是指直接把资金投放于企业的生产经营性资产，以便创造利润的投资，这一般称为项目投资；对外投资是指把资金投放于金融性资产，以便获得股利和利息收入的投资，又称为证券投资。这两种投资决策所使用的方法是不同的，项目投资决策一般事先拟定一个或几个备选方案，通过对这些方案的分析评价，从中选择一个足够满意的行动方案；而证券投资只能通过证券分析和评价，从证券市场中选择企业需要的股票和债券，并组成投资组合，目的在于分散风险的同时获得较高的收益。长期投资和短期投资所使用的决策方法也有区别。由于长期投资涉及的时间长、风险大，决策分析时更重视资金时间价值和投资风险价值。

企业投资管理的主要内容是流动资产投资管理、固定资产投资管理、无形资产投资管理、对外投资管理和资产结构优化管理。

（三）收益分配管理

收益分配管理是指在公司赚得的利润中，有多少作为股利发放给股东，有多少留在企业作为股东的再投资。收益分配管理的目标是有效处理与落实企业与国家、投资者、债权人及企业职工之间的经济利益关系，执行恰当的股利分配政策，合理进行收益分配。

企业在进行收益分配时，确定适当的股利分配政策至关重要。过高的股利支付率，影响企业再投资的能力，会使未来收益减少，造成股价下跌；过低的股利支付率可能引起股东不满，股价也会下跌。股利政策的制定受多种因素的影响，包括税法对股利和资本利得的不同处理，未来公司的投资机会、各种资金来源及其成本、股东对当期收入和未来收入的相对偏好等。每个企业根据自己的具体情况确定最佳的股利政策，这是财务决策的一项重要内容。

股利分配决策，从另一个角度看，也是保留盈余的决策，是企业内部筹资问题。因此，收益分配管理与筹资管理有着密切的关系，并非一项独立的财务管理内容。

（四）财务分析和财务计划

财务分析是指通过分析企业的财务报表进行考核企业的经营绩效和财务状况。一般采用与同行业平均水平相比和考察本企业历年财务报表的变化趋势等方式，向股东和债权人等报告企业的盈利能力、偿债能力、营运能力和发展能力，使与企业利益有关的各方对企业的现状和将来的发展有一定的估计，以便进一步判断企业股票价值的发展趋势；同时也要考核企业经营者的业绩，以便决定如何对经营者进行奖惩。

财务计划是通过编制企业的财务预算，制定可预知的资金需求量、利润水平及资金筹措与运用的方向和数量，以此作为将来企业财务活动的具体依据。

（五）特种财务管理

特种财务管理是对一些特定目的的财务活动所实施的管理。特种财务管理的内容主要有企业清算财务管理、企业兼并与改组及国际财务管理等。

第二节　财务管理的目标

财务管理的目标，是财务管理研究的一项重要内容，是企业在特定的内外部环境中，通过有效地组织各项财务活动，正确处理好财务关系所要达到的最终目标。“一般而言，企业财务管理就是为实现企业创造财富或价值这一目标服务。”[①]

一、财务管理的总体目标

（一）利润最大化

利润是企业经济效益的一个考量尺度，是企业在一定期间内取得的收入扣除成本后的差额。追求利润最大化是企业生产经营的出发点和落脚点。

利润最大化的主要优点包括：企业追求利润最大化，就必须讲求经济核算，加强管理，改进技术，提高劳动生产率，降低产品成本。这些措施都有利于企业合理配置资源，有利于提高企业的整体经济效益。

---

① 全国会计专业技术资格考试大纲配套教材编写组. 财务管理［M］. 上海：立信会计出版社，2018.

以利润最大化作为财务管理目标的风险主要包括：①没有考虑利润的实现时间和资金时间价值；②没有考虑风险问题，不同行业具有不同的风险，同等利润值在不同行业中意义也不相同，如果盲目追求利润最大化，会导致资本规模的无限扩张，会给企业带来更大的财务风险；③利润是个绝对指标，没有反映创造的利润和投入资本之间的关系；④片面追求利润最大化，可能会导致企业的短期行为，影响企业长远可持续发展。

（二）股东财富最大化

股东财富最大化是企业财务管理以实现股东财富最大化为目标。对上市公司而言，股东财富是由股东所拥有的股票数量和股票市场价格决定的。当股票数量一定时，股票市场价格是决定股东财富的最重要因素，此时如果股票价格达到最高，股东财富就最大。

与利润最大化相比较，股东财富最大化的主要优点包括：①考虑了风险，因为通常股价会对风险做出较敏感的反应；②在一定程度上能规避企业的短期行为，因为不管是目前的利润，还是预期未来的利润，都会影响股价；③对上市公司而言，股东财富最大化比较容易量化，便于考核和奖惩。

以股东财富最大化作为财务管理目标存在的风险主要包括：①通常只适用于上市公司，难以应用于非上市公司，因为非上市公司无法像上市公司一样随时准确获得公司股价；②股价受较多因素的影响，有些甚至不能完全准确反映企业的经营业绩，如资本市场的投机行为、人为操纵行为、企业的财务舞弊行为等，因此难以准确反映股东的真实财富；③股东财富最大化更多强调的是股东的利益，而不够重视其他相关者的利益。

（三）企业价值最大化

企业价值最大化是指企业财务管理行为以实现企业价值最大化为目标。企业价值可以理解为企业所有者权益和债权人权益的市场价值，或者企业所能创造的预计未来现金流量的现值。未来现金流量考虑了资金的时间价值和风险价值两个因素，其现值是以资金时间价值为基础对现金流量进行折现计算出来的。

以企业价值最大化作为财务管理目标，主要优点包括：①考虑了取得报酬的时间，并用资金时间价值的原理进行了计量；②在评估企业价值时，考虑了风险与报酬的关系；③把企业长期、稳定的发展和持续的获利能力放在首位，可以克服企业在追求利润上的短期行为；④用价值代替价格，克服了一些外在因素的干扰。

以企业价值最大化作为财务管理目标也存在一定风险，主要包括：①以企业价值最大化作为财务管理目标过于理论化，不易操作；②对于非上市公司来说，只有对企业进行专门的评估才能确定其价值，而在评估企业价值时，由于会受到评估标准和评估方式的影响，很难做到客观准确。

（四）相关者利益最大化

现代企业是多边契约关系的总和，企业的理财主体更加细化和多元化，企业在确定财务管理目标时，应综合考虑股东、债权人、职工、供应商、客户等相关者的利益。股东作为企业的所有者，在企业中拥有最高权力的同时，还承担着最大的风险，同时政府、债务人、职工、客户等也承担着一定的风险。因此，在确定财务管理目标时，不能仅强调股东的利益，而忽略了其他相关者的利益。

以相关者利益最大化为财务管理目标的主要优点包括：①考虑并满足了各相关利益者的利益，避免只考虑股东的利益，有利于企业的长期稳定发展；②兼顾了企业、股东、政府、客户相关者的利益，体现了合作共赢的价值理念，有利于实现企业经济效益和社会效益的统一；③这一目标是一个多元化、多层次的目标体系，兼顾了各利益主体的利益，可使各利益主体相互作用、相互协调，并在使企业利益、股东利益达到最大化的同时，也使其他相关者的利益达到最大化。但是，相关者利益最大化的目标过于理想化，在目前的社会环境条件下难以操作。

企业是市场经济的主要参与者，企业的创立和发展都离不开股东的投入，离开了股东的投入，企业就不复存在；并且，在企业生产运营过程中，股东作为所有者承担着较大的风险和义务，相应也需享受较高的报酬。因此，利润最大化、股东财富最大化、企业价值最大化和相关者利益最大化的目标，都是以股东财富最大化目标为基础的。

当然，以股东财富最大化目标为基础，还应考虑各利益相关者的利益。股东权益就是剩余权益，企业在向国家缴纳税款、向职工发放工资福利、给用户提供满意的产品和服务后，才会获得税后收益，因此其他相关利益者的利益要先于股东被满足。

二、财务管理的具体目标

财务管理的具体目标，是为实现财务管理总体目标而确定的企业各项具体财务活动所要达到的目标。

（一）筹资活动管理的具体目标

企业为了保证正常的生产经营或扩大再生产，必须有一定的资金。企业可以从多种渠道筹集所需资金，如发行股票、银行借款、发行债券等，不同的筹资方式，其筹资成本和筹资风险不尽相同。筹资管理的目标有以下两个：

第一，以较小的资本成本，筹集较多的资金。企业的筹资成本包括利息、股利等向出资人支付的报酬和筹资过程中的各种筹资费用。

第二，以较低的筹资风险，筹集较多的资金。企业的筹资风险主要是到期不能偿还债务的风险。

总的来说，筹资管理的具体目标是以较小的资本成本和较低的筹资风险，筹集较多的资金。

（二）投资活动管理的具体目标

要在投资活动中贯彻财务管理总体目标的要求：①必须使投资收益最大化，投资收益是与企业的投资额相联系的，企业投资报酬越多，说明企业的获利能力越强，从而可以提升企业价值；②投资存在着一定的风险，企业在尽可能获得较高收益时，还必须降低投资风险。

总的来说，企业投资管理的具体目标是认真进行投资项目的可行性分析，力求提高投资报酬，降低投资风险。

（三）经营活动管理的具体目标

企业经营活动管理作为财务管理的主要内容，如何保障经营活动的顺利开展，减少经营活动中资金的占用，提高资金的使用效率是一个非常重要的问题。

总的来说，营运资金管理的具体目标是在满足企业生产经营活动的情况下，合理使用资金，加速资金周转，不断提高资金的使用效果。

（四）利润与分配活动管理的具体目标

利润与分配活动管理是将企业取得的利润在企业与投资者、职工、政府等相关利益者之间进行分割，这种分割涉及利益相关者的经济利益，而且涉及企业现金的流出，会影响企业与相关利益者的关系和企业财务的稳定性。因此，企业应该从全局出发，正确处理好企业与各利益相关者的关系，选择合适的分配方式。总的来说，收益与分配管理的具体目标是采取各种措施，努力提高企业利润水平，合理分配企业利润。

三、财务管理目标相关的冲突

企业众多的利益相关者的利益不可能完全一致，企业的财务目标不可能让所有的利益相关者绝对满意，从而使得某些利益相关者之间产生一定的利益冲突。这些利益冲突是否能被有效协调直接关系到财务目标的实现程度。若想有效协调这些利益冲突，则必须了解这些利益冲突及产生的根源。

（一）股东与管理层的利益冲突

并不是所有的股东都懂经营，而资本只有运动起来才可能增值，现代公司制企业强调企业所有权与经营权分离，为那些不懂经营却想为自己掌握的资本寻找增值机会的人以及懂经营却没有资本的人（职业经理人）提供了一个合作的契机，实现资源、人力的最优化配置。股东聘用职业经理人来帮他们管理企业，这些职业经理人被称为管理层。管理层追求个人收入最大化，社会地位、声誉的提高，权力的扩大及舒适的工作条件；但股东则追求公司利润和股东权益最大化。

由于信息的不对称，当管理层期望的回报得不到满足时，则有可能会通过消极怠工、在职消费、利用企业资源谋取私利等手段寻求心理平衡，最终股东的利益亦将受到伤害，由此便产生了股东与管理层之间的利益冲突。

（二）大股东与中小股东的利益冲突

企业的股东众多，若每个股东希望自己的意愿在企业得以实现，则企业的运作秩序将会陷于紊乱。因此，股东们需要遵循一定的股东会表决制度将意愿合法地表达出来。当前，股东会有“资本多数决”及“多重表决”两种制度。资本多数决制度是指在股东大会上或者股东会上，股东按照其所持股份或者出资比例对企业重大事项行使表决权，经代表多数表决权的股东通过，方能形成决议。此种情况下，企业股本结构按同股同权的原则设计，股东持有的股份越多，出资比例越大，所享有的表决权就越大。多重表决制度是指一股享有多个表决权的股份，其是建立在双重股权结构基础之上的。

双重股权结构是指上市公司股本可以同股不同权，通常是一般股东一股一票，但公司少数高管可以一股数票。在实行资本多数决制度的企业，大股东在股东大会上对企业的重大决策及在选举董事时实质上都拥有绝对的控制权。若大股东控制并积极行使控制权来管理企业，中小股东可以用相对较低的成本获取收益，得到“搭便车”的好处；但是若大股东利用其垄断性的控制地位做出对自己有利而有损于中小股东利益的行为，则大股东与中小股东之间即产生利益冲突。

（三）股东与债权人的利益冲突

企业的资金来源于股东投入的股权性质资金及债权人投入的债务性质的资金。当企业盈利时，股东权益增加，债权人的本金及利息偿付将会得到有力的保障；当企业亏损时，股东权益减少，但只要没有出现资不抵债的情况，债权人的利益仍是有保障的，其本金及利息仍将被全额偿付；当股东权益不断减少甚至接近于零时，债权人的本金及利息将不会得到完全的清偿。

相比而言，企业股东的风险比企业债权人的风险偏高。有时股东会不考虑债权人的利益，投资于一些比债权人期望风险更高的项目，若成功，由于财务杠杆的作用，收益归股东所有，债权人不会得到额外收益；若失败导致股东权益为负时，债权人却将遭受损失。对债权人来说，这时的风险与报酬是不对等的。债权人为保护其利益不受损害，通常会与企业签订一些限制性的条款。但这些限制性条款又可能会影响股东获得更高收益，从而形成股东与债权人之间的利益冲突。

第三节　财务管理的原则

财务管理原则，也称理财原则，是企业进行财务管理所应遵循的指导性的理念或标准，是人们对财务活动的共同的、理性的认识，它是联系理论与实务的纽带，是为实践所证明了的并且为多数理财人员所接受的理财行为准则，它是财务理论和财务决策的基础。

一、财务管理的系统原则

财务管理从资金筹集开始，到资金收回为止，经历了资金筹集、资金投放、资金收回与资金分配等几个阶段，这几个阶段互相联系、互相作用，组成一个整体，具有系统的性质。为此，做好财务管理工作，必须从财务管理系统的内部和外部联系出发，从各组成部分的协调和统一出发，这就是财务管理的系统原则。在财务管理中应用系统原则，中心是在管理中体现系统的基本特征。

第一，系统具有整体性。只有整体最优的系统才是最优系统，各财务管理系统必须围绕整个企业理财目标进行。

第二，系统具有层次性。在企业资源配置方面，应注意结构比例优化，从而保证整体优化。

第三，系统具有环境适应性。在理财环境中必须保持适当的弹性，以适应环境的变化。

系统原则是财务管理的一项基本原则，在财务管理实践中，分级分口管理、目标利润管理、投资项目的可行性分析都是根据这一原则来进行的。

二、财务管理的平衡原则

在财务管理中，要力求使资金的收支在数量上和时间上达到动态的协调平衡，这就是财务管理的平衡原则。资金收支动态的平衡公式为：预计现金余额＝目前现金余额＋预计现金收入－预计现金支出。如果预计的现金余额远远低于理想的现金余额，则应积极筹措资金，以弥补现金的不足；如果预计的现金余额远远大于理想的现金余额，应积极组织还款或进行投资，以保持资金收支上的动态平衡，实现收支相抵，略有结余。

平衡原则也是财务管理的一项基本原则，财务管理的过程就是追求平衡的过程。在财务管理实践中，现金的收支计划、企业证券投资决策、企业筹资数量决策，都必须在这一原则指导下进行。

三、财务管理的比例原则

财务管理除对绝对量进行规划和控制外，还必须通过各因素之间的比例关系来发现管理中存在的问题，采取相应的措施，使有关比例趋于合理，这便是财务管理的比例原则。

比例原则是财务管理的一项重要原则，在财务管理实践中，财务分析中的比率分析、企业筹资中的资本结构决策、企业投资中的投资组合决策都必须贯彻这一原则。

四、财务管理的优化原则

财务管理过程是一个不断地进行分析、比较和选择，以实现最优的过程，这就是财务管理的优化原则。在财务管理中贯彻优化原则，主要包括如下三个方面内容：

第一，多方案的最优选择问题。

第二，最优总量的确定问题。

第三，最优比例关系的确定问题。

优化原则是财务管理的重要原则，财务管理的过程就是优化过程。如果不需要优化，管理就失去了意义。

第四节　财务管理的环境

环境是客观的，它是相对于主体而言的客体。在财务管理活动中，财务管理主体需要不断地对财务管理环境进行审视和评估，并根据其所处的具体环境的特点，采取与之相适应的财务管理手段和管理方法，以实现财务管理的目标。

一、财务管理的内部环境

“随着市场经济的快速发展，企业面临的财务环境越来越复杂，而财务环境状况的好坏直接影响着企业的各项日常财务活动的开展，影响着企业的资金运动，并进而影响着企业生产经营活动的顺利进行。”[①] 企业的内部环境，是指存在于企业内部的影响企业财务管理活动的条件和因素，一般属于微观财务环境。对于大部分企业来说，其所处的外部财务环境可能是相同的，但每个企业的内部财务管理环境却是千差万

---

① 张益奎．浅谈如何创造良好的企业财务环境［J］．知识经济，2016（20）：79.

别、各不相同的。不同治理结构、不同组织形式和不同规模的企业具有不同的内部财务管理环境。企业应根据自身的内部环境特点，分别采取不同的管理措施，以实现企业财务管理效果最优化。

（一）治理结构

公司治理是一整套法律、文化和制度性安排，用来协调企业与利益相关者之间的利益关系，以保证公司决策的科学性、有效性，从而最终维护公司各方面的利益。由于世界各国在社会传统、政策法律体系、政治体制与经济制度等方面存在差异，因而演化出多样化的融资制度、资本结构与要素市场，从而形成了不同的公司治理结构。不同治理结构对财务管理的实施也具有不同的影响。

1. 外部监控型

外部监控型治理结构，也称市场导向型公司治理模式，即公司治理主要受外部市场的影响。这种公司治理模式以高度分散的股权结构、高流通性的资本市场和活跃的公司控制权市场为存在基础和基本特征，其典型代表国家有美国、英国、加拿大和澳大利亚。

由于股权特征具有高度分散性，委托人和代理人的信息不对称程度扩大，因此，在经理人的监督和激励问题上主要采用与股东利益相结合的方式，如股票期权、股票赠予等。虽然股东大会和董事会的投票能够影响财务决策，但是经理人更能直接有力地影响这种决策，并且更倾向于做出高风险的投资决策。

2. 内部监控型

内部监控型治理结构，又称网络导向型治理模式，即公司治理主要受股东（法人股东）和内部经理人员流动的影响。这种公司治理模式以相对集中的股权和主银行实质性参与公司监控为存在基础和基本特征，典型代表国家有日本、德国和其他欧洲大陆国家。在这种模式下，股东和主银行在公司的财务决策中发挥显著的作用，能够限制经理人的高风险投资决策偏好。

3. 家族监控型

家族监控型治理结构，指公司所有权与经营权没有实现分离，公司与家族合一，公司的主控制权在家族成员中进行配置的一种治理模式。所有权与经营权合一是家族企业和家族监控型治理结构存在的基础和基本特征，其典型代表国家有韩国、马来西亚、泰国、新加坡、印度尼西亚等东南亚国家。这种模式主要由家族领导者做出公司的财务决策，具有高效性，但是专业化程度不足，公司的内部控制体系也需要完善，并且融资规模会受到限制。

4. 转轨经济型

转轨经济型治理结构主要存在于俄罗斯、中欧国家以及中国这些转轨经济国家。它们的共同特点是有大量规模较大、急需重组的国有企业，且法律体系较为混乱。在这些转轨经济国家中，公司财务中的最大问题是内部人控制。经理层利用经济体制转型期间的真空对企业实行强有力的控制，在某种程度上成为实际的企业所有者。即使有形式上的内部控制机制来保护投资者利益，公司的财务决策也主要由实际控制人决定。

（二）组织结构

组织结构，是关于组织成员或团队任务不同角色的正规说明，为组织活动提供计划、执行、控制和监督职能的整体框架。其关键要素组成包括必要的工作活动、报告关系，以及部门组合。组织结构会影响信息流的传递、工作的动机以及工作的有效性，从而影响财务活动。

企业应在仔细分析自身特点的基础上，寻找一种合适的组织结构，以促进形成企业内部良好的理财环境。这样才有利于各职能部门相辅相成地开展工作，有利于企业经营管理和理财决策的实施。常用的组织结构分类方式包括：直线职能式组织结构、事业部制组织结构和矩阵式组织结构。

1. 直线职能式组织结构

直线职能式组织结构的纵向控制大于横向协调，正式的权力和影响一般主要来自职能部门的高层管理者。这种组织结构的优点是管理指令系统明确，每个员工都有其既定的汇报路线；缺点是管理层级过多，容易导致财务管理的灵活性和有机性差，与外界环境的关系僵化，与其他部门之间的横向协调和沟通缺乏效率。因此，这种组织结构适用于小型或中型规模组织以及只有少数产品线的大规模组织。

2. 事业部制组织结构

在事业部制组织结构中，各业务环节以产品、地区或客户为中心重新组合，每个事业部都有独立的生产、研发、销售等职能，强调了组织中的跨职能协调。这种组织结构的优缺点如下：优点是责任明确、沟通环节清晰，每个事业部都享有一定的决策权，工作积极性和创造性高，财务管理活动对外部有效性和适应性强，能够迅速对外部不稳定、高度变化的环境做出反应，调节财务活动；缺点是职能部门之间失去规模经济效益，生产线之间缺乏协调，容易导致各事业部的目标与集团总体目标不一致，会在一定程度上影响企业整体财务管理目标的实现效率。因此，这种组织结构对大规模和产品较多的组织来讲管理效果更好。

3. 矩阵式组织结构

矩阵式组织结构吸收了直线职能式结构和事业部制组织结构的优点，既保留了事业部制组织结构中的责任追踪，又拥有直线职能式组织结构的专业优势。矩阵式组织结构的缺点是容易造成命令混乱、权责模糊或权责不对等的情况，在职能经理和项目经理之间容易产生冲突，出现多头领导问题。

在这种组织机构下，制订经营计划、监管执行情况和设计考核办法等都相对简单清晰。只要以产品为主线，以产品事业部为对象，将销量、利润、费用、渠道建设等主要的经营指标分解下达给各事业部，使权责利相连，就能实现公司的总体财务管理目标。

（三）内部规章制度

企业内部有各种各样的规章制度，对企业经营管理活动进行规范和指引。这些规章制度体系的建设和实施在某种程度上体现了企业的内部管理水平。如果企业内部具有完备、健全的管理制度并且能得到严格执行，就意味着企业的财务管理具有较好的基础，企业财务管理工作具有较高的起点。这样，企业更加容易走上规范化的轨道并带来理想的财务管理效果。若企业内部规章制度不健全，或者有制度但没有严格执行，就必然给企业财务管理工作带来困难。

1. 内部规章制度体系的建设

内部的规章制度体系，通常围绕着企业的六项经营活动（技术、商业、业务、安全、会计和管理）进行建设，主要包括行政管理制度、人事管理制度、生产技术管理制度、质量检验制度、企业经济合同管理制度、产品供应管理办法、销售管理制度、安全生产管理制度、审计工作制度、内部控制制度、公司薪酬制度、预算管理制度等。完善、适度、规范的内部规章制度体系，可以使财务决策有章可循，提高财务活动效率，但是过于繁多的规章制度体系则会变成繁文缛节，会产生相反的效果。

2. 内部规章制度体系的执行力

内部规章制度是否能够提高财务活动效率，除由规章制度体系本身是否完善、适度、规范决定以外，还取决于规章制度的执行是否有效。例如，大多数较大规模的企业都制定了全面预算的管理制度，但若不能从上至下、全员参与到其中，或者即使参与制定预算但不按照一定的标准和制度执行，这些制度也只是形同虚设。

除了以上要点，企业内部财务环境还包括企业的生产经营规模、企业文化和企业自身筹资、投资和经营的能力，以及企业财务管理部门的整体水平。因此，企业财务管理部门和人员应该充分认识到自身在企业经营中的重要地位，积极探索适合本企业的管理模式和思路，随时根据市场动向做出灵活反应，强化内部管理水平，降低各种消耗，积极主动地来促进企业微观财务环境的优化。

二、财务管理的外部环境

企业的外部环境，是指企业外部影响财务活动的各种因素，有的属于宏观财务环境，如国家的经济环境、法律环境和文化环境；有的属于微观财务环境，如产品销售市场、原材料供应市场等。以下重点探讨宏观环境的外部环境内容及其对企业财务管理的影响。

（一）经济环境

财务管理的经济环境，是影响财务管理的一切经济因素的总和，一般包括经济管理体制、经济发展水平、经济周期、经济政策、通货膨胀和市场的完善有效性等。

1. 经济管理体制

经济管理体制是国家的基本经济制度，是在一定的社会制度下，经济关系的具体形式以及组织、管理和调节国民经济的体系、制度、方式、方法的总称。目前，世界上典型的经济管理体制有计划经济管理体制和市场经济管理体制两种类型。中国的经济管理体制已经基本实现了市场经济管理体制的变革。

市场经济管理体制的基本特征是：政府宏观管理与调控不再是配置资源的前提，配置资源的主体是市场，企业成为“自主经营、自负盈亏”的经济实体，有独立的经营权，同时也有独立的财产权。企业可以根据自身发展的需要，确定合理的资本需求，然后选择合适的方式筹集资本，再把筹集到的资本投放到效益高的项目上，最后将收益根据需求进行分配，保证企业自始至终根据自身条件和外部环境变化作出财务决策。

市场经济管理体制对企业财务管理工作的影响主要体现在：要求企业面向市场进行财务管理活动，而不是接受政府的行政命令；要求企业将利润最大化或企业价值最大化作为财务管理的目标，而不是完成国家下达的指标；企业自主进行筹资、投资和利润分配决策，国家不直接参与；企业主要通过市场进行预测和决策，而不是按照行政命令下达的财务计划进行财务管理；财务管理成为独立于企业生产经营的管理活动，企业财务部门可以独立完成筹资、投资和分配等活动。

2. 经济发展水平

不同国家的经济发展水平是不同的，市场的成熟度也存在差距。这些都会影响企业的财务管理活动。通常将处于不同经济发展阶段的国家分为发达国家、发展中国家和不发达国家三个群体。

发达国家的市场机制已比较成熟，在市场经济环境下已经积累了丰富的理论和实践经验，因此财务管理理论水平较高，管理活动创新能力很强，财务管理的方法和手段也非常科学、严密；发展中国家的现代商品经济相对起步较迟，市场经济发展水平不高，但发展中国家企业财务管理的内容和方法手段能够在学习发达国家先进理论的基础上快速更新，同时受政策影响显著，出现不是很稳定的特征；不发达国家经济发展水平低，企业经济活动内容简单，企业规模小，因而，无论在财务管理的内容、方法还是手段上都落后于发达国家和发展中国家。

3. 经济周期

经济周期是指在整个国民经济活动中所出现的由扩张到收缩的循环往复。这种循环往复呈现周期性波动特征，主要包括经济复苏阶段、经济繁荣阶段、经济衰退阶段和经济萧条阶段。这种起伏更替的周期波动直接影响几乎所有的产业和企业。

在经济周期的不同阶段，企业的规模、销售能力、获利能力以及相关的资本需求都会表现为不同的特征，对企业的财务策略会产生不同的影响，因而会影响财务管理的手段、方法。

4. 经济政策

经济政策是国家进行宏观经济调控的重要手段。国家根据不同时期社会经济发展的战略要求制定出不同的经济政策，包括产业发展和升级政策、经济结构调整政策、区域经济发展政策、金融政策和财税政策等，构成了现代企业重要的财务管理环境，对企业的筹资、投资和收益分配活动都会产生重要影响。

例如，具有优惠性的财税政策会影响企业的资本结构和投资项目的选择，产业政策和经济结构调整政策会影响资本的投向、投资回收期及预期收益。经济政策会随经济状况的变化而调整。如果企业能够及时地预测某项经济政策，把握住投资机遇，就能享受国家的优惠条件，从而得到巨大的收益。

5. 通货膨胀

通货膨胀是影响企业财务管理的重要因素，因为它直接对企业的现金流量和管理策略产生重大影响。通货膨胀不仅对消费者不利，对企业财务活动的影响更为严重。

(1) 企业资金需求不断膨胀。因为物价上涨，同等数量的存货会占用更多的资金；企业为减少原材料涨价所受损失往往提前进货，超额储备，资金需要量增加；资金供求矛盾尖锐，企业间相互拖欠货款的现象严重，应收账款增加，资金流动质量变差；通货膨胀时，按历史成本原则核算，会造成成本虚低，利润虚增，而可用资金不足，企业想要维持正常生产，就需要增加资金。

(2) 资金供给持续性短缺。因为政府为控制通货膨胀，紧缩银根，减少了货币资金供应量；物价上涨，引起利息率上涨，使股票、债券价格暴跌，增加了企业在资本市场筹资的难度；同时物价上涨时，银行贷款的风险加大，贷款的条件也更加苛刻。

(3) 货币性资金不断贬值。有价证券价格的不断下降使企业倾向于具有保值性的实物性资产的投资。

企业应当采取适当措施防范通货膨胀给企业造成的不利影响。在通货膨胀初期，货币面临着贬值的风险。企业可以加大投资，避免风险，实现资本保值；与客户签订长期购货合同，减少物价上涨造成的损失；借入长期负债，保持资本成本的相对稳定。在通货膨胀持续期，企业应采用偏紧的信用政策，减少企业债权或调整财务政策，防止和减少企业资本流失，等等。

6. 市场的完善有效性

企业依赖市场而存在和发展，市场环境影响企业的财务活动。从企业所处的市场环境竞争态势来看，市场类型可以划分为完全竞争市场、不完全竞争市场、寡头垄断市场和完全垄断市场。

对于计划在证券市场上融资和投资的企业而言，证券市场的效率对财务决策也具有重要的影响。从证券市场上股票价格与相关信息的角度来看，证券市场可以划分为强式有效市场、半强式有效市场和弱式有效市场。

（1）强式有效市场。这种类型的证券市场是指证券价格完全反映了所有与价格变化有关的信息，包括历史信息、公开信息和内部信息。在这种市场上，证券价格取决于其实际价值，因而，即使个别投资者在偶尔几次投资活动中获得超常利润，也不可能长期稳定地保持这种收益，总的投资结果将只能获得平均利润，靠造假手段无法真正影响证券价格。

（2）半强式有效市场。这种类型的证券市场是指证券价格反映了所有历史信息和公开信息，但不能反映其内部信息。这种市场的效率程度要低于强式有效市场，但是公开发表的信息越迅速、越完整地被投资者获知，证券市场将会越有效率，但将会反过来减少投资者赚取超额利润的机会。

（3）弱式有效市场。这种类型的证券市场是指证券价格反映了所有过去证券价格变动的资料和信息，但却不能及时、有效、全面地反映所有公开信息，更不能反映内部信息。这种市场的效率程度比半强式有效市场还要低，证券价格的未来走向与其历史变化没有任何必然联系，证券价格的历史数据不能用来预测未来价格的变化情况。因此，投资者无法用过去的信息来判断目前的证券价格是否合理。

（二）法律环境

财务管理是一种社会行为，一定会受到法律规范的约束。目前，直接影响财务主体的财务机制运行的重要法律规范主要包括财政税务法规、金融证券法规、财务会计法规、企业组织类法规等。

1. 财政税务法规

税收是国家凭借政治权利无偿征收实物或货币，来取得财政收入的一种手段。由于国家财政收入的主要来源是企业所缴纳的税金，而国家财政状况和财政政策对企业资金供应和税收负担具有重要影响，同时国家各种税种的设置、税率的调整还具有调节生产经营的作用。因此，企业的财务管理决策应当适应税收政策的导向，合理安排资金投放，以追求最佳经济效益。

税法是由国家权力机关制定的、调整税收征纳关系及其管理关系的法律规范的总称。中国税法的构成要素主要有征税人、纳税义务人、征税对象、税目、税率、纳税环节、计税依据、纳税期限、纳税地点、减税免税、法律责任等。中国现行税法规定的主要税种包括：增值税、消费税、资源税、企业所得税和个人所得税等。税负是企业的一种费用，会增加企业的现金流出，对企业财务管理具有重大影响。

2. 金融证券法规

针对金融市场及相关金融证券的法规既为企业提供了一个规范化的财务管理环境，同时也对企业的财务管理活动提出了严格的要求，主要的金融证券法规包括《中华人民共和国证券法》《中华人民共和国人民银行法》《中华人民共和国商业银行法》《中华人民共和国票据法》《企业债券管理条例》《支付结算办法》《中国人民银行信用卡业务管理办法》《中华人民共和国外汇管理条例》《信贷资产证券化试点管理办法》等。

3. 财务会计法规

财务会计法规制度是规范企业财务活动、协调企业财务关系的行为准则。财务会计法规对于促进企业依法自主经营、自负盈亏、自我发展、自我约束，使企业成为产权明晰、权责明确、政企分开、管理科学的现代企业，具有重要的意义。

4. 企业组织类法规

关于企业组织的法规直接决定了企业财务运行可能的方式和环境。企业组织类法规有《中华人民共和国公司法》《中华人民共和国全民所有制工业企业法》《中华人民共和国个人独资企业法》《中华人民共和国合伙企业法》《中华人民共和国乡镇企业法》《中华人民共和国中外合资经营企业法》《中华人民共和国中小企业促进法》《中华人民共和国中外合资经营企业法》等。不同组织类型的法规对于不同企业的投资、筹资和分配政策以及相关的公司治理机制安排都作出了不同的规定，在很大程度上影响了企业的财务管理行为。

（三）文化环境

财务管理的文化环境，是指对财务活动的形成和发展具有制约和影响作用的各种文化因素的总和，包括思想观念、价值取向、思维方式、行为准则以及语言文字、风俗习惯等。在不同的社会或地区，不同文化因素组成的文化环境会表现出明显的差异。

可将文化分为专业文化和社会文化两类。“专业文化”是指特定的专业群体为其专业目标的实现而共同遵守的社会主义核心价值观和共同的价值取向，充分体现专业群体成员共同的追求与理念，是对专业中个体行为形成内在和外在的指导与规范。“社会文化”是指在相应社会系统、社会关系中获得社会属性、具有社会功能的文化现象、文化客体。这种文化几乎存在于每一个社会环节中，如价值观念、道德水平等。

1. 专业文化

财务管理作为一门独立的学科产生于 19 世纪末，但其理论是在 20 世纪 50 年代以后才取得巨大进展。这主要是由于数学和计算机等专门技术在财务管理领域的广泛应用，如资本资产定价模型、期权定价模型和套利定价理论等都依托于数学的推导方法。财务管理从以定性管理方法为主逐步发展为定性与定量管理方法并重，主要得益于效用理论、线性规划、概率分布和模拟技术等数量方法在财务管理研究中的应用，例如在财务风险的控制和财务决策中，理财的数量化方法占有很高的地位。21世纪以来，随着计算机技术和网络技术的迅猛发展和广泛应用，财务管理在手段上完成了从手工到信息化的飞跃，理财效率迅速提高，扩大了信息处理和传递范围，为及时、准确、充分地处理和传递各种信息提供了可能，形成了网络化的财务管理信息系统。基于这种平台与技术，一些远程的管理、控制及跨国财务活动已成为现实。

2. 社会文化

社会文化的内容十分广泛，包括教育、科学、艺术、舆论、新闻出版、广播电视、卫生体育、世界观、理想以及同社会制度相适应的权利义务观念、组织纪律观念、价值观念等。

第二章　大数据时代下的财务管理信息化融合

第一节　财务管理信息系统的开发背景

财务的信息管理系统在企业中包含了设计、产品、企业管理、生产过程以及市场经营等信息，这些都和财务的数据信息联系非常紧密。尽管各个企业的主要业务都不同，但每个企业的主要资源都含有财务管理。可以说企业信息研究的中心就是财务管理。财务信息管理系统包括资金流以及信息流的管理，并且在成本上也有很大的控制，能够有效地将实际的企业业务在企业的财务上运行。

在 CRM 以及 ERP 系统实施时，财务信息管理系统占据着核心的位置。对于整个的 ERP，财务信息系统相对于其他的系统来说，已经能够很早地实现信息系统的处理，很多的企业都是先处理一些财务信息，接着将企业的流程进行规划，这样财务的管理便能够慢慢向供应链的相关业务中的决策方面、再造的信息资源方面、管理等方面进行有效的过渡，在其他的一些方面都与财务信息管理方面有相关的信息数据交往，这些方面都相互交织起来，形成了一个比较完整的信息系统。所以，在现代这个信息化的时代，企业财务管理系统能够在很大程度上提高企业办事的效率，为企业做决策起着非常重要的作用，在一定程度上减少了人力物力，因此，研发企业财务管理系统对企业来说是当务之急，这对企业利益有很大的影响。

第二节　财务管理信息系统的需求分析

一、系统业务分析

（一）固定资产管理业务流程分析

固定资产是指企业运作所需的非资金流的资产，如办公室的桌椅、茶具、柜子等办公所需的实体物资。固定资产管理是对企业中各部门采购的物资进行管理，包括对物资的采购、对采购物资的报销以及对采购物资以及报销材料的审核。固定资产管理是企业财务信息管理的基础环节。

固定资产管理业务流程为：首先企业中各部门将采购物品申请发送给财务部，财务部对该物品申请进行审核后交由财务主管进行审定，财务主管审定后，总经理判断是否对该物品采购申请进行审批，若不审批，则各部门继续申请物品采购；若审批，则各部门开始采购物品，并办齐报销的材料，财务部门签批该发票后交由财务主管，财务主管判断是否审批该报销的材料，若不审批，则各部门重新办齐报销的材料；若财务主管审批该报销的材料，则财务部将该发票报销，并将固定资产入账，此次固定资产管理结束。

（二）员工信息管理业务流程分析

员工信息管理是对进入企业的员工的个人信息进行记录与保存，若员工的信息有变动则可以进行更改。员工信息管理在企业的财务管理中处于很重要的地位。员工信息管理业务流程为：首先新进员工填写个人的基本信息表，并将该个人基本信息表提交给人事部，人事部查阅员工的个人基本信息后判断该信息是否有误，若存在错误，则员工重新填写个人基本信息表；若没有错误，则系统保存该员工的信息，并将新进员工的信息提交给财务部门，财务部根据名单为新员工建立个人财务档案，并保存档案供后期使用，此次员工信息管理结束。

（三）工资管理业务流程分析

工资管理是对企业员工的工资计算、审核以及发放进行管理。工资管理是企业财务每个月要做的事情，是企业财务信息管理的核心部分。工资管理的业务流程为：首先财务部获取到企业的员工表单后根据名单拟定员工的工资发放表，财务主管审核该工资发放表，若拟定有误，财务主管交由财务部进行修改，财务部根据名单重新拟定工资发放表；若拟定无误，则财务部根据工资表发放工资，员工领取到个人工资后，审核自己的工资是否有误，若有误，则财务部核实该有误的情况后重新发放工资；若员工审核自己的工资无误后即在工资表上签名，此次工资管理结束。

（四）凭证管理业务流程分析

凭证指的是用于证实财务事件的发生，登记在账簿上，并能够明确个人的经济职责的拥有社会法律保障的书面的纸张。凭证管理是在发生财务事件时，对凭证的填写、审核、入账以及保存。以下是凭证管理的业务流程：首先凭证管理员发现了财务事件后填写原始凭证，并将该原始凭证提交给出纳，出纳审核该原始凭证，若审核有误，则需要凭证管理员重新提交原始凭证；若出纳审核原始凭证无误，则交由财务主管审核，财务主管若审核原始凭证有误，则交由出纳重新进行审核；若财务主管审核凭证无误，则交由凭证管理员填写记账的凭证，并且将凭证进行入账，此次凭证管理业务结束。

（五）往来管理业务流程分析

企业经营中经常有一些往来的账款在企业中流动，而对这些往来的账款的核对、审核、收款等管理就是企业财务信息管理中的往来管理业务。往来管理的业务流程为：会计进行财务对账，并核对企业的往来账款，将该往来账款提交给财务主管进行审核，财务主管审核该往来账款的核对结果，若审核未通过，则会计重新核对企业的往来账款；若核对账款结果通过，则财务主管在往来账款上签字盖章，并将往来账款交由出纳进行签字，出纳审核该往来账款，判断是否在该往来账款上签字，若出纳审核后不签字，则财务主管继续审核往来账款的核对结果；若审核后通过，则出纳收付该账款后结束往来管理业务。[①]

（六）账簿管理业务流程分析

在企业中一切的资金流动都有相关的账簿，为了保证企业的资金链安全，需要定期地对企业进行查账，从而保证企业账目的正确性。账簿管理的业务流程为：首先财务主管进行定期查账，财务部查询当期所有的账簿，并请求查询相应的凭证，凭证管理人员向财务部提供相应的凭证，财务部核对了账簿和总账对应的情况后，若账簿和总账不一致，则交由财务主管处理该不一致的账簿，财务主管处理完成后交由财务部继续核对账簿和总账的对应情况；若核对账簿和总账是一致的，则财务部将该查账情况提交给财务主管审核，若财务主管审核该查账情况不通过，则交由财务部继续核对账簿和总账；若财务主管核对该查账信息正确，则财务主管签字盖章，此次账簿管理结束。

二、系统功能需求分析

（一）固定资产管理功能需求分析

企业财务信息管理系统中的固定资产管理的详细功能需求：

（1）当各部门需要采购物资时，系统具有编辑各部门采购物资申请的功能；

（2）系统具有审核该采购物资申请的功能；

（3）若物资采购申请有误，系统具有修改物资采购申请的功能；

（4）系统具有记录采购物资报销材料的功能；

（5）系统具有审核采购物资报销材料的功能；

---

① 李赫琳．大数据时代下的财务管理信息化建设探究［J］．上海商业，2021（07）：100－101.

（6）若采购物资报销材料有误，系统能够指出不全的地方；

（7）系统具有将固定资产入账的功能；

（8）系统具有记录固定资产信息的功能；

（9）系统具有查询固定物资信息的功能。

（二）员工信息管理功能需求分析

企业财务信息管理系统中的员工信息管理的详细功能需求：

（1）当新员工进入企业时，系统具有记录新员工的个人信息的功能；

（2）若员工填写的信息有误，系统具有对该员工的信息进行修改的功能；

（3）系统具有对员工的个人信息进行审核的功能；

（4）系统具有对员工的个人信息进行查询的功能；

（5）当员工离职，系统具有对员工的个人信息进行删除的功能；

（6）当员工的信息有所变动，系统具有对员工的个人信息进行更改的功能；

（7）系统具有对员工的个人信息进行保存的功能；

（8）系统具有为新员工建档的功能。

（三）工资管理功能需求分析

企业财务信息管理系统中的工资管理的详细功能需求：

（1）系统具有编辑企业员工工资标准的功能；

（2）随着企业效益的变化，系统具有修改企业员工工资标准的功能；

（3）当新的企业财务管理员进入企业时，系统具有查询以往企业员工工资标准的功能；

（4）每个月，企业财务系统中的管理员根据员工的工作情况，能够在系统中拟定一份工资发放表的功能；

（5）该工资发放表交由财务主管审核，若财务主管觉得该表有误，具有修改该员工工资发放表的功能；

(6) 若工资发放表没有错误，系统可以供企业财务管理员查询工资发放表的功能；

(7) 员工领取个人工资，若对个人工资存有异议，系统可以提供异议申请的功能；

(8) 员工领取个人工资，系统具有记录员工领取工资状态的功能；

(9) 员工工资发放完成后，系统具有核算发放情况的功能；

(10) 员工工资发放完成后，系统具有保存这些工资发放信息的功能；

(11) 系统提供工资条打印的功能。

(四) 凭证管理功能需求分析

企业财务信息管理系统中的凭证管理的详细功能需求：

(1) 当凭证管理员发现财务事件时，系统具有提供编辑原始凭证的功能；

(2) 管理员提交了原始凭证，系统具有审核原始凭证的功能；

(3) 若原始凭证有误，系统具有修改原始凭证的功能；

(4) 若原始凭证无误，系统具有存储原始凭证的功能；

(5) 原始凭证存储在系统中，系统具有查询原始凭证的功能；

(6) 若原始凭证无误，系统具有编辑记账凭证的功能；

(7) 系统具有入账的功能。

(五) 往来管理功能需求分析

企业财务信息管理系统中的往来管理的详细功能需求：

(1) 当企业财务中出现往来账款时，系统具有对该往来账款进行核对的功能；

(2) 当将往来账款核对结果进行提交后，系统具有对该核对结果进行审核的功能；

(3) 若审核该往来账款有问题，系统具有对往来账款结果进行修改的功能；

(4) 当往来账款信息过了很久，系统具有将过期的往来账款进行删除的功能；

（5）往来账款审核通过后，系统可以提供查询该往来账款信息的功能；

（6）往来账款审核后，系统具有保存往来账款一切信息的功能；

（7）出纳审核往来账款，通过后，系统具有收付往来账款的功能。

（8）若系统收付往来账款出现问题，系统具有申请问题解决的功能。

（六）账簿管理功能需求分析

企业财务信息管理系统中的账簿管理的详细功能需求：

（1）当财务部查账时，系统具有提供账簿查询的功能；

（2）当财务查账需要凭证时，系统具有提供凭证查询的功能；

（3）当财务部核对账簿和总账是否对应时，系统具有提供账簿和总账配对的功能；

（4）若该对账簿金和总账不一致，系统具有处理该不一致的功能；

（5）若财务部查账得到结果，系统具有审核该查账情况的功能；

（6）若该查账结果有问题，系统具有修改该查账结果的功能；

（7）若该查账结果没有问题，系统具有保存该查账结果的功能；

（8）若有财务部人员想要查看该查账结果，系统具有提供查账结果查询的功能；

（9）若查账结果过了很久，系统具有删除该查账结果的功能；

（10）若财务部人员需要对查账结果进行拷贝，系统具有拷贝查账结果的功能。

第三节　财务管理信息系统的设计应用

一、系统结构设计

（一）软件体系结构设计

企业财务信息管理系统的软件有业务层、用户层和数据层。用户层中客户端软件向业务层的服务器端发送请求，业务层接收了该信息后与系统中的数据库系统建立沟通信息，业务层中的服务器端信息便会发送相应数据用户层中的客户端软件。

（二）硬件体系结构设计

企业财务信息管理系统的硬件包括服务器、防火墙、路由器、客户机以及打印机。

二、系统功能模块划分

企业财务信息管理系统包括六个功能模块，分别为固定资产管理功能模块、员工信息管理功能模块、工资管理功能模块、凭证管理功能模块、往来管理功能模块以及账簿管理功能模块。

三、系统功能模块设计

（一）固定资产管理功能模块设计

企业财务信息管理系统中的固定资产管理流程：企业财务信息管理系统在获取各部门的采购申请信息后，财务主管审核该采购申请是否通过，若该采购申请审核未通过，则系统提示未通过信息，此次固定资产管理结束；若该采购申请审核通过，则系统连接到数据库，系统判断插入的信息是否成功，若成功，系统提示采购信息保存完成，若系统判断插入的信息未成功，则系统提示插入数据库出错，此次固定资产管理结束。

（二）员工信息管理功能模块设计

企业财务信息管理系统中的员工信息管理流程：系统获取到员工的基本信息，连接到系统的数据库，若连接未成功，系统显示数据连接失败，则员工信息保存失败，此次员工信息管理结束；若系统连接数据库成功，系统执行该插入语句，若插入信息未成功，则系统显示插入数据库出错；若系统插入信息成功，则员工信息保存完成，此次员工信息管理结束。

（三）工资管理功能模块设计

企业财务信息管理系统中的工资管理流程：企业财务信息管理系统首先验证员工的编号，并连接到系统的数据库，若连接未成功，则系统提示连接数据失败，此次工资管理结束；若系统连接数据库成功，则系统执行该查询语句，系统判断是否搜索到记录，若没有搜索到，则系统显示该信息不存在；若搜索到记录，则系统显示员工的工资条，此次工资管理结束。

（四）凭证管理功能模块设计

企业财务信息管理系统中的凭证管理流程：系统获取到设置的科目以及凭证的信息后，获取到凭证信息的核对情况，若核对未通过，则系统显示凭证核对未通过；若核对通过，则系统获取人员信息和时间信息并保存该凭证信息，此次凭证管理结束。

（五）往来管理功能模块设计

企业财务信息管理系统中的往来管理流程：系统获取到往来账款的查询条件，查询往来账款的信息后，核对往来账款的情况，若核对往来账款情况不一致，则系统核对该不一致信息，系统保存该核对情况；若系统核对该往来账款情况一致，则系统显示往来账款核对完成，系统保存该核对情况，系统提交该审核，此次往来管理结束。

（六）账簿管理功能模块设计

企业财务信息管理系统中的账簿管理流程：企业财务信息管理系统获取搜索条件后连接到系统的数据库，并判断是否成功连接到系统的数据库，若连接数据库不成功，则系统提示连接数据库失败，账簿管理结束；若连接数据库成功，则系统将条件传入搜索语句，执行数据库操作，若记录不存在，则系统显示账簿不存在。

第三章　信息化背景下财务管理的大数据体系构建

第一节　构建大数据时代的企业财务体系

一、大数据环境下的决策变革

决策理论学派认为，决策是管理的核心，它贯穿于管理的全过程。企业决策是企业为达到一定目的而进行的有意识、有选择的活动。在一定的人力、财力、物力和时间因素的制约下，企业为了实现特定目标，可从多种可供选择的策略中做出决断，以求得最优或较好效果的过程就是决策过程。决策科学的先驱西蒙认为，决策问题的类型有结构化决策、非结构化决策和半结构决策。结构化决策问题相对比较简单、直接，其决策过程和决策方法有固定的规律可以遵循，能用明确的语言和模型加以描述，并可依据一定的通用模型和决策规则实现其决策过程的基本自动化。这类决策问题一般面向基层管理者。非结构化决策问题是指决策过程复杂，其决策过程和决策方法没有固定的规律可以遵循，没有固定的决策规则和通用模型可依，决策者的主观行为（见识、经验、判断力、心智模式等）对各阶段的决策效果有很大影响，往往是决策者根据掌握的情况和数据临时做出决定。半结构化决策问题介于上述两者之间。而战略决策问题大多是解决非结构化决策问题，主要面向高层管理者。

企业战略管理层的决策内容是确定和调整企业目标，以及制定关于获取、使用各种资源的政策等。该非结构化决策问题不仅数量多，而且复杂程度高、难度大，直接影响企业的发展，这就要求战略决策者必须拥有大量的来自企业外部的数据资源。因此，在企业决策目标的制定过程中，决策者自始至终都需要进行数据、信息的收集工作。而大数据为战略决策者提供了海量和超大规模数据。

大数据时代，工商管理领域正在利用大数据创新商业模式，同时也在创造新的产业空间。在零售业方面，可以通过大数据分析掌握消费者行为，挖掘新的商业模式；在销售规划方面，可以利用大数据分析优化商品的价格与结构；在运营方面，能够利用大数据分析提高运营效率和客户满意度，优化劳动力投入，避免产能过剩；在供应链方面，可以使用大数据对库存、物流、供应商协同等工作进行优化；在金融业领域，利用大数据可以实现市场趋势预测、投资分析、金融诈骗识别和风险管理等功能。除此以外，大数据也可以为新兴的文化创意产业提供扎实有效的数据支撑。

二、财务管理体系应聚焦落实财务战略

大数据时代，设立单独的财务管理机构是十分必要的。因为企业的核心资源不再仅仅局限于货币资金、土地和知识产权等，商业数据也具有同等的地位。数量巨大、形式多样的商业数据最终会通过各种形式在财务数据中体现，而财务管理人员是处理商业数据最好的人选。将财务管理机构从会计部门独立出来，配备具有丰富经验的从业人员，可以在体制上保证财务管理人员从繁杂的会计核算中解脱出来。一般的财务人员并不擅长数据分析，所以企业在招聘时可以为财务管理机构配备一些数据分析人员，由其专门负责数据的解读。

财务数据作为企业最重要、最庞大的数据信息来源，在企业财务活动日益复杂、集团规模日益庞大的今天，其处理的效率、安全等问题考验和制约着企业集团的更高一层发展。而伴随着以云计算为标志的新时代的财务共享模式，能够为大数据时代下企业集团再造财务管理流程、

提高财务处理效率提供帮助。

共享服务中心是一种新的管理模式，是指将企业部分零散、重复性的业务、职能进行合并和整合，并集中到一个新的半自主式的业务中心进行统一处理。业务中心具有专门的管理机构，能够独立为企业集团或多个企业提供相关职能服务。共享服务中心能够将企业从琐碎零散的业务活动中解放出来，专注于企业的核心业务管理与增长，精简成本，整合内部资源，提高企业的战略竞争优势。共享中心的业务是企业内部重复性较高、规范性较强的业务单元，而且越容易标准化和流程化的业务，越容易纳入共享中心。

财务共享即依托信息技术，通过将不同企业（或其内部独立会计单元）、不同地址的财务业务（如人员、技术和流程等）进行有效整合和共享，将企业从纷繁、琐碎、重复的财务业务中剥离出来，以期实现财务业务标准化和流程化的一种管理手段。

福特公司在 20 世纪 80 年代建立了世界公认最早的财务共享服务中心，整合企业财务资源，实现集中核算与管理，并取得了巨大成效。随后财务共享服务中心模式在欧美等国家开始推广，并于 20 世纪 90 年代传入我国。而随着我国企业的快速发展和规模的扩张，以及信息化技术的普及，许多国内大型企业集团已经组建了自己的财务共享服务中心。

一项来自英国注册会计师协会的调查显示，超过 50％的财富 500 强企业和超过 80％的财富 100 强企业已经建立了财务共享服务中心。财务共享模式能够为企业带来规模效应、知识集中效应、扩展效应和聚焦效应，实现企业会计核算处理的集中化运作，整合企业内部的知识资源，提高企业财务模式的扩展和复制能力，将企业财务管理人员从琐碎的财务数据处理中解放出来，专注于企业的核心业务。另外，财务共享模式的集约式管理能够提高数据处理的屏蔽性和安全性，控制企业财务风险，降低生产管理成本，提高经营效率，提升企业财务决策支持能力，优化企业的财务管理模式。

有了大数据的基础，精益财务分析就有了充分的发挥空间。比如说库存周转率，之前每月 10 日前做一次分大类的上月库存周转分析，但这种分析方法既粗放又滞后，对管理的改善相当有限，使财务分析失去了意义。

就库存周转率来说，当已有细至每一天、每一种物料、每一次进出库、每一个批次的数据时，系统就可以结合次日的生产计划计算出即时的细到每一个库存量单位的存货周转率。这种大数据基础之上的精益财务分析赋予了数据新的实在意义，并实际突破了学术上的库存周转率的限制。传统的用月度平均库存来算库存周转，是因为当时的数据基础和计算条件所限，大数据时代，财务分析的方式与方法也要与时俱进。

三、如何提升大数据时代的财务战略管理水平

（一）合理利用数据

大数据并不是万能的，在企业管理中，数据只能作为参考或者作为指向性的方针，并不能解决企业任何方面的问题。尤其在当前条件下，基础数据的真实程度十分低，如果在数据处理的过程中错用了这些数据，得出的结论往往有所偏差，企业如果盲目地相信这些数据，所造成的后果会十分严重。所以企业的运营管理还是需要结合自身发展经验和当前的社会现实。大数据并不是万能钥匙，迷信盲从的结果往往是自毁前程，企业应合理利用大数据，同时更加需要智慧。

（二）注重防范危机

大数据不仅仅影响着人们的日常生活，也影响着企业的各项决策，企业对数据的依赖程度越来越高，对数据的处理技术也越来越成熟，但是现实的情况却是由于对数据的过分使用，导致企业在主观判断上失去了方向，造成很多企业出现决策失误的现象。这种现象的出现是由当前数据资源的现状所造成的，在这个信息大爆炸的时代，各种信息数据种类繁多、数量庞大，对这些数据进行严格筛选、提炼并通过各种精确的算法得出结论却是十分困难的。在当前的条件下，对社会上的数据资源

进行筛选是一件十分困难的事情，何谈科学处理计算这些数据呢？原始的数据出现失误，那么结果自然不会正确。同时在对大数据的处理上，主观色彩十分严重，对同一条数据有的人抱着乐观的心态，有的人却保持着悲观的心态去看，这样分析得出的结果自然是大相径庭的。因此，企业对大数据的判断需要更加理性，同时需要时刻注意对大数据危机的防范。

（三）以企业实际需求为出发点

由于大数据的利用需要大量的硬件设施投入和人力成本，所以在企业管理中，利用大数据的时候需要做一个全面的把控，结合自身的实际制定适合自己的大数据框架体系。就国内目前对大数据使用的现状来看，我国商业智能、政府管理以及公共服务方面是大数据利用最多，同时也是贡献最多的领域，而企业需要结合自身的实际去使用大数据。从投入成本来看，大部分企业没有足够的能力来使用大数据进行企业管理变革，企业方不要一味地去追求建立自己内部的数据系统，可以考虑用其他的方式来解决，如将自己的企业数据外包出去。

第二节　财务决策流程在大数据时代的重要性

财务流程可分为三种基本形式。

一是财务战略流程，即组织、规划和开拓未来重大事项的财务流程，包括财务战略规划、产品/服务开发以及新财务流程的设计等内容。

二是财务运营流程，即组织、实现日常财务活动功能的财务流程，包括生产、供应、销售、现金收支管理、财务报告等日常财务管理活动。

三是财务保障流程，即保证财务战略流程和财务运营流程顺利实施而提供保障的流程，包括人力资源价值管理、财务信息、系统管理等内容。

这三种基本流程构成统一整体，形成整体财务流程。财务管理流程既是各种管理工具有效运用的基础，又是财务管理聚合的重要手段。

一、财务管理与决策职能的变化

（一）财务管理职能的定位

企业的财务职能部门一直专注于分析财务报表的数据，因而为管理者提供的信息是十分有限的。在大数据时代，财务部门仅对自己公司财务报表的数据进行分析是不够的，而要面对范围更宽、规模更大的数据，企业的现状以及存在的问题可以被更全面地了解到，财务状况以及经营的成果也可被及时地评价，企业财务能够进一步实现自动化和智能化。例如，对于客户的经营情况的分析不仅需要了解其财务报表，还需要综合其他部门的数据，收集更多信息，将数据加工、整理，得出准确的信息，为管理者做决策而做准备。财务管理者要将其职能扩展到提升整个企业的绩效方面，使财务流程更高效，以支持企业的决策。

（二）“云会计”引发会计核算的革命

云计算主要解决两个大数据问题：一是将大量异构和本质不同数据源结构化；二是对这些数据进行管理、处理和转换，为商业智能（BI）和企业决策服务。企业可利用基于云端的服务来满足数据分析需求，提升在复杂大数据环境下的信息服务质量，加快决策问题求解。对于决策来说，数据结果的展示和解释也非常重要，可以通过引入可视化技术对结果进行分析，用形象的方式向用户展示，使其更易理解和接受。

“云会计”是指构建于互联网上，并向企业提供会计核算、会计管理和会计决策服务的虚拟会计信息系统。在会计领域，云会计作为一种新兴的基于云计算技术和理念的会计信息化模式，可实现企业信息系统的有效集成，提高企业的管理能力，增强企业的竞争优势。企业会计信息化建设最好的体现就是在会计信息系统中采用云计算，云会计应用在企业财务活动中能保证企业长期发展的动力。为更好地推动会计工作发展，企业管理会计和财务决策应重点应用云会计。为更好地把工作重心放在经营管理上，一般对会计信息化服务都采用外包形式。

在大数据时代，云会计在企业会计信息化中的应用具有较大优势。企业管理者能利用云会计进行业务信息和会计信息的整理、融合、挖掘与分析，整合财务数据与非财务数据，提高企业财务决策的科学性和准确性；同时大数据下的云会计可以借助主流的大数据处理软件工具，对来自企业内部和外部海量的结构化数据和非结构化数据进行过滤，并以众多历史数据为基础进行科学预测；云会计还可根据这些海量数据，将其应用于企业成本控制系统，分析企业生产费用构成因素，为企业进行有效的成本控制提供科学的决策依据。

大数据下云会计的应用优势之一就是保证企业财务流程顺利实施。云会计模式所构建的财务模式可体现出事件驱动的特点，这不同于传统的财务信息系统账表的驱动方式。财务流程在云计算的影响下都转至线上，通过云系统存储相关企业数据；借助云计算全面支持生成合同、购销业务、会计人员业务记录等，便于所有业务流程传至云端，从而完成相关存储及自动运算，并能形成数据报表。对其外部协同部门来说，在云计算系统的支持下，企业将数据存储在云中，并将购销业务、生成合同、会计人员记录业务等信息传至云端，从而形成报表以及各种指标数据；管理层及税务部门、会计师事务所等外部协同部门都可以共享云空间的数据，满足各自需要，以更好地进行企业财务管理。

（三）财务管理与决策更加注重效率

大数据新技术的应用催生了新的管理工具和业务模式，传统的财务业务一体化以及物流、资金流、信息流“三流合一”真正成为可能。通过大数据的应用，不仅可以实现对企业内部各项信息的分析、处理和控制等，更能通过运用大量的财务信息以及非财务信息来帮助企业发展，为企业做出正确的发展决策提供可靠的信息。传统的财务工作存在着单据处理流程烦琐、记录过程耗时耗力、数据的处理易出错等问题，导致财务工作成本增加、财务信息的时效性低，往往无法满足企业的发展。在财务管理流程烦琐的情况下，企业的扩大会增加财务部门的负担，在出现问题的时候，会导致问题处理时间长、效率低下，增加企业运营方面的成本。大数据时代的到来，将会提高财务信息的处理效率。大数据海量处理数据集合的技术，实现了财务系统智能，将帮助企业的财务管理建立信息化的共享平台，并在云端大量储存，大大降低企业的人工成本。

二、大数据时代的财务决策流程

（一）财务数据与财务决策

海量的数据资源背后是对传统人类行为分析工具的彻底突破，过去的商业决策更多依赖于经验、直觉或小样本调查的统计推论，而大数据时代的决策更多要依靠全面的数据分析，大数据背景下，消费者各种行为与特点的发展变化更容易被记录、观察、分析和了解。因此，大数据时代快速满足消费者需求成为企业的核心竞争力。

大数据将推动来自各个渠道的跨界数据进行整合，促使价值链上的企业相互连接，形成一体。地理上分布各异的企业以消费者需求为中心，组成动态联盟，将研发、生产、运营、仓储、物流、服务等各环节融为一体，协同运作，创造、推送差异化的产品和服务，形成智能化和快速化的反应机制。大数据时代，企业间通过信息开放与共享、资源优化、分工协作，实现新的价值创造。大数据时代的到来给企业财务工作带来了新的思路，利用分析工具可以从海量数据中挖掘出有用信息，并以科学的分析预测方式帮助企业规避风险，进行精准的财务管理与决策。云会计结合大数据技术在企业财务领域中的应用，将给企业带来更多的经济价值，提高企业在全球经济一体化下的核心竞争能力。

为了更好地了解大数据的规律，在具体操作层面上，财会人员所面临的挑战是需要将经营指标转换成财务结果指标，抓住最重要的关键绩效指标（如转换率、客户流失率）并在每个月考核这些指标。企业财务决策离不开各种财务数据和非财务数据之间的相关性分析，它需要财务业务数据的有机融合。基于云会计平台，在抽取、转换、加载与企业财务决策相关的各种结构化、半结构化、非结构化类型的财务和非财务数据之后，通过大数据技术和手段分析数据之间的关联关系并挖掘出数据背后蕴含的巨大价值，可以为实现企业科学合理的财务决策提供支撑。

（二）促进企业财务管理决策流程变革

大数据时代，企业财务管理决策不同于之前的管理与决策方式，这种变革影响着企业对于数据的态度和运用，促进了企业间及企业内部的信息传导与交流。在种类繁多的数据下，企业的决策者和管理者对于决策的能力及效率有所提高，进而影响了企业的内部结构及新形式的学习型组织的构建。同时，大数据的出现对于企业决策技术提出了更高的标准，影响着企业的销售策略、企业的网络生态建设、企业的商业模式的转变等。因此，对于财会行业来说，深入挖掘数据，不仅是对数据规律的探索，也是对传统的财务计划和分析缺陷的弥补。从一般意义上讲，传统的财务分析能做的仅是分析财务结果、了解不同产品或业务的盈亏状况，分析的主要对象是相对后端的数据。但如果财会人员要挑起重任，给决策者提供信息，那必须到前端的数据中去挖掘。决策是企业财务管理的重要职能，贯穿于企业财务管理的各个环节和职能系统中，科学决策是财务管理的核心，而决策的关键是决策的程序和流程。

企业财务决策所依赖的数据源，可以通过互联网、物联网、移动互联网、社会化网络等多种媒介，借助云会计平台，从企业、工商部门、税务部门、财务部门、事务所、银行等财务决策利益相关者中获取；同时，借助大数据处理技术和方法实现对获取数据的规范化处理，并通过数据分析与数据挖掘技术提取企业财务决策相关的政府监管、纳税、会计和审计等信息，然后通过商业智能、可视发现、文本分析和搜索、高级分析等技术服务企业的各种财务决策。在这种变与不变之中，财务人员需要放眼企业的整体运营，通过财务流程对企业的现金流、资源配置、风险管控、收购兼并等进行管理，利用大数据等工具深度挖掘分析数据，达到前后端数据的完美衔接。要在正确的时间从海量的数据库中提取正确的数据难度较大，财会人员的职责将管理企业数据库内的所有数据（包括财务数据和非财务数据），目的是提供高效的数据质量保证，用合理的成本释放企业价值。财会部门需要与企业各部门密切配合，将分散孤立的内部数据进行有效整合，通过制定有效的数据质量控制和报告制度等措施，保证数据符合相关规范以及满足企业自身要求和质量保证标准，从而提高内部数据集的安全性和完善度，从而提升数据价值。

第三节　财务管理与大数据的关系

财务战略作为企业资源配置的决策体系，它在企业整体目标的引领下，融合了财产的购置、投资、融资以及管理，大大促进了财务部门对企业财务变化的洞察力。一方面，大数据除了海量数据能为财务管理带来了更多的益处外，通过对数据的分析、处理，提取出有价值的信息，为企业的管理、决策带来更有利的支撑条件；另一方面，大数据也对传统的财务系统、财务人员素质提出了更高的要求，企业财务管理在信息的删选、提取及分析方面要不断加强，同时，财务人员应不断提高从海量数据中提取对企业有用信息的能力。

一、企业财务管理现状

（一）财务管理理念陈旧

大多数企业在生产经营过程中过分关注利益最大化，使得经营者更重视生产和销售等业绩，而疏于对企业的管理，特别是对财务部门的管理。在这样的环境下，企业的财务部门一般都是直接执行经营者的命令，而缺乏在财务数据中提取对于企业的决策有价值的信息的能力。同时，传统的企业财务管理更重视有形资产，轻视无形资产对于企业的价值及其决策意义，从而在很大程度上限制企业在大数据时代下的发展运营。

（二）财务信息的质量不符合要求

处于信息化高速发展的时代，大多数企业仍然存在对于财务管理的信息化核心地位认识不到位的现象，即没有意识到对海量数据集合的整理、分析及对有价值信息的提取的巨大价值所在。传统的会计电算化并不是财务管理的信息化处理手段，财务管理的思维和模式需要及时更新及变革。在实践中，存在一部分企业的财务管理基础薄弱，缺乏进行集中管理的财务管理理念，财务管理体制分散，因此，很难对企业的资产进行有效地管理。而大数据时代的到来，给企业的财务管理带来了更大的挑战，传统的财务管理方式及理念在很大程度上影响了企业财务水平的提升。另外，我国财务评价体系局限于货币计量的财务指标，缺乏对影响企业竞争力的其他诸多因素的考虑，会计披露也难以保证及时性和层次性，难以满足财务信息使用者的要求。

（三）财务信息时效性差

网络化管理在我国起步晚，到目前为止，虽有部分大中型企业开始实施，但难以形成规模，再加上财务部门架构越来越复杂，财务管理流程越来越长，导致信息的沟通主要依靠人工，难以实现共享和企业资源的优化整合。从需求方面来说，专门设立财务管理机构的企业比较少，财务管理多与会计核算结合在一起，这就导致企业能够开展高层次财务管理的人才较少。财务管理专门人才的缺失随着企业规模的扩大弊端日显，企业对财务管理人员的需求量越来越大。从供给层面来说，由于监管的缺失，财务队伍的整体素质下降，财务人员的供给弱化。

（四）财务管理共享性差

企业要推进财务管理水平的提升，进行信息化的财务管理，必须建立高效的财务管理系统，采取有效的财务管理信息化方式，建立高效的财务信息反馈方式。但是目前，我国大多数企业不具备自主创新精神，也不存在自主开发信息化财务管理软件的情况。同时，企业存在着信息不对称、不共享的情况，导致财务管理的低效率。财务会计部门与其他部门的信息往来较少，企业各部门间基于自身利益关系不会进行及时沟通；企业内部与企业外部没有形成统一的信息标准，导致内外部之间信息不匹配，信息及数据的传递、沟通不及时，这在很大程度上会影响企业的管理决策。

（五）财务决策风险意识淡薄

在大数据时代，企业面临更大的挑战与风险，对企业财务数据信息的处理、分析及反馈也提出了更高的要求。企业对数据进行披露后，若披露的内部信息与企业现有的外部信息存在着不对称、不充分等问题时，将会导致企业运营风险。同理，在企业的管理过程中，特别是对财务信息的管理，如果不能及时跟上大数据的发展步伐，不能及时应对变革，不能增加相应的危机、风险意识，则在很大程度上将会导致企业的危机。

因此，随着大数据管理、社交媒体、移动应用等数字新技术的快速发展，企业在创新管理思想、实施流程再造、完善经营模式、提升管理效率等方面取得了较好的成效。作为企业管理的重要组成部分，财务管理也迎来了创新性变革，主要表现在战略性财务、融合式财务、精益化财务、信息化财务等方面。财务管理的边界在不断拓展，与外部融合的趋势也日益明显。这种融合趋势不仅体现在财务与会计的融合、管理会计与财务管理的融合，还体现在财务管理与业务经营的融合、产业资本与金融资本的融合等新领域。为了适应大数据的发展，传统财务管理中的各个环节有必要进行相应的调整及变革，跟上大数据时代的步伐。

二、大数据时代的财务决策需要新思维

（一）重新审视决策思路和环境

财务决策参与者及相关决策者在大数据的背景下依然是企业发展方向的制定者。但是大数据的思想颠覆了传统地依赖于企业管理者的经验和相关理论进行企业决策模式，拥有数据的规模、活性以及收集、分析、利用数据的能力，将决定企业的核心竞争力。而以前企业的经营分析只局限在简单业务、历史数据的分析基础上，缺乏对客户需求的变化、业务流程的更新等方面的深入分析，导致战略与决策定位不准，存

在很大风险。在大数据时代，企业通过收集和分析大量内部和外部的数据，获取有价值的信息。通过挖掘这些信息，可以预测市场需求，最终企业将信息转为洞察，从而进行更加智能化的决策分析和判断。

（二）基于数据的服务导向理念

企业生产运作的标准即为敏锐快捷地制造产品、提供服务，保证各环节高效运作，使企业成为有机整体，实现更好发展。企业不断搜集内外部数据，以提高数据的分析与应用能力，将数据转化为精练信息，并由企业前台传给后台，由后台利用海量数据中蕴藏的信息分析决策。数据在企业前台与后台间、企业横向各部门间、纵向各层级间传输，使得企业运作的各个环节紧紧围绕最具时代价值的信息与决策展开。同样，大数据使得全体员工可以通过移动设备随时随地查阅所需信息，减少了部门之间的信息不对称，使企业生产运作紧跟时代步伐，在变化中发展壮大。在社会化媒体中发掘消费者的真正需求，在大数据中挖掘员工和社会公众的创造性。

（三）采用实时数据以减少决策风险

多源异质化的海量数据来源打破了以往会计信息来源单一、估量计算不准确的情况，使企业能够实时地掌握准确的市场情报，获得准确的投资性房地产、交易性金融资产等公允价值信息。同时，云会计对数据信息具有强大的获取与处理能力，且一直处于不断更新的状态。通过对市场信息的实时监控，可及时更新数据信息，从而保证会计信息的可靠性和及时性，有效避免由于信息不畅造成的资金损失。

三、大数据引发的无边界融合式财务管理

（一）无边界融合式财务管理的含义

随着信息技术的进步和管理理念的发展，企业的内外部边界在不断扩展，财务管理的内涵和外延也在不断扩大。大数据时代，企业的所有部门都必须根据新环境的变化做出调整甚至变革，财务管理也不例外，

将体现出多部门、多领域、多学科融合的特点。

企业根据产品和市场不同细分为多个业务单元，决策者如何有效地进行资源配置，很难通过经验来判断，最终还要依赖于数据分析。大数据是根据大量真实的最新业务数据进行计算预测，在加工处理信息上利用独特优势，能够有效进行数据挖掘，帮助企业根据自身需求订制财务决策支持系统，对企业进行科学合理的决策建议。借助大数据实现财务信息与非财务信息的融合后，财务决策过程将更加科学合理，避免了单纯依靠财务信息决策带来的不可控风险。此外，大数据的便捷性也使得财务信息的提取更加智能化，充分挖掘潜在信息辅助决策，将资源更好地配置在优势增长领域，提高财务处理效率。

无边界管理理念最早由通用电气原 CEO 杰克·韦尔奇提出，该理论并不是指企业真的没有边界，而是强调组织各种边界的有机性和渗透性，以谋求企业对外部环境的改变能够做出敏捷并具有创造力的反应。无边界融合式财务管理是以企业战略为先导，强调财务以一种无边界的主动管理意识，突破现有工作框架和模式，在价值链的各个环节进行财务理念的沟通与传导，形成财务与其他各个部门的融合，促进企业整体价值可持续增长的财务管理模式。无边界融合式财务管理通过将财务理念渗透到生产经营的各个环节，使信息沟通能打破部门和专业的壁垒，提高整个组织信息传递、扩散和渗透的能力，实现企业资源的最优化配置及价值的最大化创造。

（二）打破财务管理的边界

根据杰克·韦尔奇的描述，企业组织中主要存在垂直边界、水平边界、外部边界、地理边界四种类型的边界，这四种边界将对组织职能的实现造成阻碍。要实现无边界融合式财务管理，必须打破财务管理的这四种边界，然而需要注意的是，此处提到的打破并不是指消除所有边界，而是要推倒那些妨碍财务管理的藩篱，具体内容如下：

1. 打破财务管理的垂直边界

财务管理的垂直边界是指组织内部严格的管理层次。传统的财务管理组织架构普遍具有严格的内部等级制度，界定了不同的职责、职位和职权，容易造成信息传递失真和响应时间迟滞。无边界财务管理则要求突破僵化的定位，采用一种部门内部的团队模式，上下级之间彼此信任、相互尊重，力争最大限度地发挥所有成员的能力。此外，减少财务部门的管理层次、实现组织的扁平化管理、建立富有弹性的员工关系、营造创新的文化氛围等都是打破财务管理垂直边界的路径。

2. 打破财务管理的水平边界

财务管理的水平边界是指财务部门与其他部门之间的分界线。现代企业的组织结构往往围绕专业来安排，如分成研发部、制造部、销售部、财务部、人力资源部等。在严格的水平边界下，由于每个职能部门有其特有的目标和方向都在各自的领域内行使职责，久而久之各个职能部门可能会更多地考虑本部门的利益而忽视企业的整体目标，甚至会因为互相争夺资源而内耗不断。无边界模式下的财务管理则强调突破各个职能部门之间的边界，使财务部门与其他部门互通信息，实现企业价值链和财务链的同步。例如，构建不同部门间的工作团队、进行工作岗位轮换等都是对打破水平边界的有益尝试。

3. 打破财务管理的外部边界

自 20 世纪早期以来，价值链上的大多数企业都一直从独立、分割的角度看待自己的地位，企业间更多的是斗争而非合作。然而如今，战略联盟、合作伙伴以及合资经营的发展速度大大超过了以往任何时候，企业单凭自身的力量已经很难在市场中竞争。作为企业信息管理最重要的部门，财务管理不能只局限于企业内部分析，还要将财务管理的边界进行外部扩展，实现价值链上的财务整合。如将相关企业的信息变动纳入财务管理系统，为产业链上的供应商和客户提供财务培训等帮助，与合作伙伴共享信息、共担风险。

4. 打破财务管理的地理边界

随着企业规模的扩大和全球化进程的加快，企业各个分部的地理位置越来越分散，财务部门的分散也随之形成。而作为整体战略和节约成本的需要，要打破各个地区的财务边界，形成新的财务管理模式——财务共享服务，将企业各业务单位分散进行的某些重复性财务业务整合到共享服务中心进行处理，促使企业将有限的资源和精力专注于核心业务，创建和保持长期的竞争优势。

（三）无边界融合式业财融合创新

业财融合也称业务财务一体化，其强调将财务管理理念融入业务活动的全流程中，借助信息系统进行财务治理。业务和财务的融合不是简单地将财务人员分派到业务团队中，而需要以企业前期充分的信息化建设和人才培养为前提，在价值文化的指导下重塑财务流程，对业务全程进行财务管理，通过业财联动为管理层提供决策支撑，在合理有效的绩效考核体系下对业财团队进行监督和激励，使所有的活动都贯穿价值文化理念中，最终确保企业战略目标的实现。

企业的财务管理目标经历了从利润最大化、股东价值最大化向企业价值最大化的演变。业财融合模式下，企业所有的管理活动仍要以价值最大化为目标，将战略管理与财务管理紧密结合，更加注重财务目标的高度和远度。在业务活动和财务活动中都以追求价值为目标实现融合，使业财融合对公司战略推进和业务发展的决策支持与服务功能得以充分发挥。业财融合最主要的特点就是将财务触角深入到公司经营的各个方面，因此需要重塑财务流程，实现全业务流程的业财联动，保证业务信息和财务信息的及时转化。

四、大数据背景下企业的财务决策框架

（一）财务决策的基础

大数据影响着企业整个架构和企业的分析战略结果。其中，财务数据是大数据中影响企业战略决策的重要因素之一，所以企业在制定战略决策时必须考虑现有资产、负债的总量等财务数据。财务数据对市场营销管理影响很大，在考虑大数据分析的时候不仅仅要从公司的整体层面

去考虑，还要参考财务报表情况，进而优化企业决策结果。大数据下的财务决策是基于云计算平台，将通过互联网、物联网、移动互联网、社会化网络采集到的企业及其相关数据部门的各类数据，经过大数据处理和操作数据仓储（ODS）、联机分析处理（OLAP）、数据挖掘/数据仓库（DM/DW）等数据分析后，得到以企业为核心的相关数据部门的偏好信息，通过高级分析、商业智能、可视发现等决策处理后，为企业的成本费用、筹资、投资、资金管理等财务决策提供支撑。

（二）财务决策框架

大数据下的财务决策框架由数据来源、数据处理、数据分析和企业财务决策组成，自下向上构成一个完整的财务支撑体系。财务决策的数据源主要从企业、工商部门、税务部门、财政部门、会计师事务所、银行、交易所等数据部门获取。这些数据包括结构化、半结构化和非结构化三种数据类型。对处理后的大数据进行数据分析和提取，形成以企业为中心，覆盖工商、税务、财政、会计师事务所、银行、交易所等企业相关数据部门的有价值的信息。企业财务决策层主要是对各数据部门的偏好信息，借助文本分析和搜索、可视发现、高级分析、商业智能等决策支持工具，实现面向企业的生产、成本费用、收入、利润、定价、筹资、投资、资金管理、预算和股利分配等财务决策。

大数据下的财务决策除了有益于企业，还可为会计师事务所、工商部门和税务部门等数据部门提供业务支撑。基于云计算平台收集和处理数据，将运营数据保存在各个云端而不是企业自己的服务器上，这给会计师事务所的外部审计带来了方便，减少了企业临时篡改数据的可能性，使审计结果更加可靠。同时，企业在运营过程中产生的财务数据和非财务数据可实时接受工商和税务等政府部门的监管，从根本上避免了做假账和偷税漏税等违法行为的发生。

第四节　大数据时代，如何评判审视商业模式的优劣

大数据时代，企业的价值链在不断延伸的同时，数据将指导其向着更符合客户需求的方向发展，企业的盈利一定要依靠为客户提供更多的价值而实现。大数据的应用不仅为企业财务战略的执行奠定了客观依据，还应做相应的商业模式创新，让客户更愿意参与到企业的改变和创新中来，在不断创新中与客户携手享受大数据的便利，让企业得到更多的利益，让客户享受到更多的实惠，实现企业的良性循环，让客户的需求得到最大限度的满足。目前国际上最为推崇的应用方式是通过大量数据获取相应的信息，从而分析和发现问题，指导决策。

企业如何利用大数据对商业模式进行创新以获取持久盈利能力，已成为落实企业既定财务战略的最关键问题之一。关于商业模式的内涵也正由经济、运营层次向战略层次延伸，强调商业模式要能在特定的市场上创造可持续竞争优势。随着经济、社会的不断发展，各种新的商业模式不断涌现，商业模式的概念也在不断完善和提升，其内容也越来越复杂，包括产品、服务、市场、供应链等诸多要素，商业模式正逐步形成一个市场需求与资源紧密相连的系统。伴随大数据影响的不断深入，在大数据和商业模式有效结合的背景下，系统研究和分析大数据对商业模式的影响及大数据背景下商业模式的创新问题，这对商业模式适应大数据时代的发展意义重大。

一、商业模式的基本概念

商业模式一词最早于 1957 年出现在某一篇论文中，但这个概念在当时并未引起学术界的关注。直到 20 世纪 90 年代中后期，信息和通信技术的快速发展，带动了一大批基于互联网进行模式创新而使价值急剧

扩大的公司。越来越多的战略和创新领域的学者开始研究商业模式。管理学大师彼得·德鲁克说过当今企业间的竞争，不是产品的竞争，而是商业模式的竞争。Morns 对之前学者定义的商业模式做了归纳，认为主要从三个角度进行定义，即经济、运营、战略。此外，他提出应整合三个视角，以更完整的视角重新认识商业模式，认为商业模式是一种简单的陈述，旨在说明企业如何对战略方向、运营结构、经济逻辑等方面一系列具有内部关联性的变量进行定位和整合，以便在特定市场建立竞争优势。

商业模式涵盖了在创造价值和传递价值过程中，商业战略和运营管理的所有核心要素。从商业战略层面分析商业模式，主要体现在商业模式对提升企业竞争优势的作用；从运营管理层面分析商业模式，体现在商业模式如何优化运营流程、提升生产率。

商业模式的构成要素包括市场提供、企业、客户和盈利模式四个界面。市场提供即价值主张，描述的是企业提供产品和服务的内在价值；企业界面包括商业伙伴、创造价值所需的资源和关键业务活动；客户界面包括客户细分、传递价值依赖的渠道和客户关系；盈利模式包括保证商业经济可行性的成本结构和收入流。

奥斯特瓦德等将学者们所研究的商业模式归纳为三类：第一，商业模式是一个抽象性的概念，它是包含了产品流、服务流与信息流的框架结构；第二，不同类型的商业模式都可描述一些有共同特征的企业；第三，某一特定的商业模式的某些概念，特指某些企业特定的商业模式，如亚马逊商业模式等。

在总结之前学者研究的基础上，奥斯特瓦德（Osterwalde）给出了比较全面的商业模式的定义，认为商业模式是一个概念性的工具，它包括一组元素和它们之间的关系，并可以表示公司获利的逻辑；商业模式描述公司提供给一个或者若干客户群的价值，以及公司和其伙伴网络所组成的体系结构，这个体系结构致力于创造、营销和送达这个价值与关系资本，并以产生利润和可维持生存的收入流为目的。有效利用大数据浪潮，将会使企业获得从上层（战略）到下层（运营）的大量收益。大数据创造的价值，既体现在战略管理中，以提升战略决策能力，又体现在运营管理中，通过流程优化提高运营效率。

国内一些学者也对商业模式的概念做出界定。罗现等在总结多个商业模式定义的基础上，认为商业模式应包含三层含义：第一，商业模式隐含假设成立的前提条件；第二，商业模式是一个结构或体系；第三，商业模式本身是一种战略创新或变革。最终，他将商业模式定义为“一个组织在明确外部假设条件、内部资源和能力的前提下，用于整合组织本身、顾客、供应链伙伴、员工、股东或利益相关者来获取超额利润的一种战略创新意图和可实现的结构体系以及制度安排的集合”。

原磊从商业模式的概念、体系构成、评估方式等过程对国外商业模式做了论述，并参考 Morris 对众多商业模式定义的归纳，认为目前商业模式定义的视角是从经济向运营、战略和整合方向逐层递进的。从本质看，商业模式是企业的价值创造逻辑，其中包括顾客价值创造逻辑、伙伴价值创造逻辑和企业价值创造逻辑。

陈晓霞、徐国虎将商业模式定义为企业通过产品或服务与价值链上下游主体之间建立的一种商务关系，包括公司所能为客户提供的价值、公司的内部组织结构、合作伙伴关系网络等用以实现这一价值并产生可持续盈利收入的要素。综上所述，在商业模式构成框架中，最具代表性的是提出的“商业模式画布”，从市场提供、企业、客户和盈利模式四个方面描述企业的价值创造逻辑。

二、大数据给商业模式创新带来的机遇

大数据时代，企业商业模式变革将围绕大数据的获取、存储、分析、使用等过程展开。如何有效开发利用以海量、高速和多样性为特征的大数据，成为企业商业模式变革的关键。在商业模式中利用数据的方式有三种：一是将数据作为一种竞争优势；二是利用数据改进现有的产品和服务；三是将数据作为产品本身。

当大数据被正确使用时，企业可对诸多活动产生新的洞察力，发现运营活动中的障碍以促使供应链合理化，并通过更好地理解客户以便开发新的产品、服务和商业模式。在整个行业中，率先使用大数据的企业将会创造新的运营效率、新的收入流、差异化的竞争优势和全新的商业模式。商业模式中涉及企业在市场中与客户、供应商及其他商业合作伙伴之间的商业合作关系，并由此给企业带来盈利机会和盈利空间。随着经济全球化一体化、信息化、市场化和生态化不断加深，企业传统的商业模式面临着巨大的挑战，企业对商业模式的创新势在必行。

只有在市场中为具有不同需求特点的客户提供满足其个性需求的产品和服务，才能够给企业创造更大价值。商业模式创新意味着改变要素内涵及要素间的关系。基于大数据背景，从价值主张、企业界面、客户界面和盈利模式四个方面变革商业模式。结合大数据情境，关键资源和关键活动这两个关键要素具有六大特征，即免费可得数据、客户提供数据、追溯/生成数据、数据聚集、数据分析、数据生成。大数据是一项重大的管理变革，不仅催生了许多基于大数据的新创企业的出现，也动摇了现有企业的价值创造逻辑。

在大数据时代，由于企业生产方式的变化，企业获取利润的条件和空间都随之发生了变化，企业可以近似精确地了解到市场主体的消费需求和习惯，能够预测到客户的需求及其变化，甚至做到比客户更了解他们的需求，将能够促进企业在提供标准化服务的能力和条件基础上创造个性化的新附加值，这是大数据时代企业利润最重要的源泉。

在大数据时代，随着企业信息化和智能化水平的提升，当数据积累到一定程度后，需要从大量存在的数据中挖掘出对人们更有价值的信息，来获得对客户需求的全面了解，及时发现和捕捉客户需求的新变化，这就需要加快企业商业模式的创新，从而建立新的盈利模式，使得企业以客户需求为导向，加快企业从过去的以生产为核心的盈利模式向以客户需求为核心的盈利模式转型。因此，大数据时代为推动中国新常态下的企业商业模式创新提供了机遇。

传统创新活动主要局限在企业内部，而开放性、网络化的创新方式提供了大量的在产品市场化之前进行互动设计的可能性。随着社会化媒体和移动互联网的日益普及，这将会越来越成为大数据时代产品创新活动的一个新的典型特征。大数据时代产品及服务创新的另一个典型特征就是实时化、个性化的产品及服务设计。在零售领域，电子商务中的实时价格比较服务也为顾客提供了更大的价格透明性，同时为顾客和企业创造了价值，借助大数据来设计具有差别化的产品和服务以满足不同细分市场需求，建立合适的运营系统以有效地提供新型产品和服务，以及如何制定运营系统中所涉及的管理决策，以有效地实现供给和需求的匹配。

三、大数据时代下商业模式创新的特点

随着大数据影响的不断深入，数据已经渗透到多种行业的多个职能领域，并逐渐成为和劳动力、资本等同样重要的生产要素。商业模式的发展势必会受到大数据的影响，进而引起商业模式的变革或创新。大数据能够使企业改善、创新产品及服务，创造全新的商业模式，这是大数据创造价值的方式之一，也将成为未来企业竞争的关键。数据已经成为企业重要的资产和新商业模式的基石，甚至将大数据本身定义为一种全新的商业模式。哈根等提出，大数据时代企业获得成功的关键是建立以数据作为资产的商业模式。

大数据具有对目前商业模式进行创造性破坏的潜能，大数据背景下商业模式创新的视角包括大数据资源与技术的工具化运用、商品化推动大数据产业链的形成、大数据所引发的商业跨界与融合。由大数据引发的新型商业模式基本可以分为以下四类：

第一类，大数据自有企业商业模式创新。例如，一些拥有大量的用户信息的公司通过对用户信息的大数据分析实现精准营销和个性化广告推介，改变传统的营销模式。

第二类，基于大数据整合的商业模式创新。例如，一些公司通过整

合大数据的信息和应用，为其他公司提供“硬件＋软件＋数据”的整体解决方案。这类公司将改变管理理念和策略制定方法。

第三类，基于数据驱动战略的商业模式创新。企业开始意识到数据是企业的核心竞争力和最有价值的资产，希望能够对企业内部和外部的海量非结构化数据进行及时地分析处理，以帮助企业进行决策，产生了基于数据驱动的商业模式创新。

第四类，新兴的创业公司出售数据和服务，有针对性地提供解决方案。这些公司更接近于把大数据商业化、商品化的模式。这些新型商业模式的成功实现，促使越来越多的企业深刻思考如何获得大数据带来的商业价值，最终赢得独特的竞争优势。

大数据时代，商业模式创新目标包含四个方面：

第一，产品创新，是指引入新的或显著改善的产品与服务，包括在产品技术特性、构成要素等方面的显著改进。在大数据时代，产品或服务创新更多体现在利用数据仓库、数据挖掘等技术推进新产品的研发和新服务的提供。

第二，过程创新，是指实施新的或显著改善的生产和配送方法，如条码或无线射频识别技术的使用，改变了传统货物配送流程。在大数据时代，过程创新体现在诸如利用数据科学和大数据，重新设计供应链，优化企业生产运作流程。

第三，营销创新，是指实施新的营销手段，包括在产品设计或包装、产品渠道、产品促销或定价等方面的显著变化。大数据时代的营销创新更多体现在微市场细分、精准广告投放、差别定价等方面。

第四，组织创新，是指在企业的商业活动、工作场所中实施新的组织方法。大数据时代的组织创新体现为在企业内部或企业之间实现信息与知识共享，引入供应链管理、清洁生产、质量管理等先进管理系统，实现并行工程、协作开发，从而提升企业绩效。

大数据背景下商业模式的创新综合来讲有以下两个特点：

一是大数据基础之上的商业模式创新更注重从客户的角度出发看问

题，视角更为宽泛，具有着重考虑为客户创造相应价值的特点。同时，商业模式创新即使涉及技术，也多与技术的经济方面因素、与技术所蕴含的经济价值及经济可行性有关，而不是纯粹的技术特点。

二是大数据基础上的商业模式创新更为系统，不受单一因素的影响。它的改变通常是大量数据分析的结果，需要企业做出大的调整，它是一种集成创新，包含公益、产品及组织等多方面的改变和创新，如果是某一方面的创新，则不构成模式创新而是单一方面的技术或其他创新。

四、基于大数据商业模式框架

基于大数据的商业模式框架包括价值主张、目标市场、关键资源、关键流程和盈利模式。

（一）价值主张

价值主张是商业模式的核心要素，它定义了企业创造何种价值。一个成功的企业往往能为客户提供优于替代者的更高满意度的价值。一些学者将高度依赖于大数据提供的服务分为两类，即数据服务和分析服务。数据服务是指通过与数据提供者的合作收集数据，进而向客户提供访问路径，如证券交易所向公众公开上市公司财务年报。分析服务则是对数据分析、追溯后生成商业情报、预测模型等信息。

（二）目标市场

目标市场界定了企业竞争市场的性质和范围，即向谁提供价值，同时也确定了企业的运营环境。客户的类型和地域分散性都会影响一个组织的结构、资源和销售渠道。学术界、企业界对市场划分还没有形成一个统一的标准，其中最普遍的分类方法，是将目标客户划分为企业客户和个人客户。

（三）关键资源

麦肯锡全球研究院指出，数据正在成为与物质资产和人力资本相提并论的重要生产要素，大数据的使用将成为未来提高竞争力的关键要素。大多数企业也都开始意识到“数据”有可能成为其核心资产，希望通过收集和分析大数据来获取竞争优势。数据类型分为结构化和半结构化两种，并依据数据来源将数据分为内部数据和外部数据，内部数据又划分为现有数据和生成数据，外部数据包括免费可得数据和客户提供数据。

（四）关键流程

大数据不仅指规模庞大的数据对象，也包含对这些数据对象的处理和应用活动，是数据对象、技术与应用三者的统一。大数据技术是从各种类型的大数据中，快速获得有价值信息的技术，包括数据采集、存储、管理、分析挖掘、可视化等技术及其集成。

（五）盈利模式

企业的盈利就是如何在为客户提供价值的同时也为自己创造价值的蓝图，它包括收入模式、成本结构、利润模式和资源补给率四个方面。收入由产品或服务的价格和数量共同决定，其中数量又受到市场规模、购买频次以及辅助销售等影响；成本通常包括固定成本和可变成本两部分，成本结构是关键资产、经济规模等的函数；利润模式表明每笔交易需净赚多少以达到盈利目标；资源补给率则涉及生产前置时间、生产能力、资金周转率、资产利用率等变量。

五、大数据时代的商业模式创新机制

战略决策是战略管理中极为重要的环节，它决定着企业的经营成败，关系到企业的生存和发展。在动态、不确定的环境下快速制定正确的战略决策，确保企业获取竞争优势，仅凭决策者的学识、经验、直觉、判断力、个人偏好等主观行为进行决策是远远不够的，还要依赖大量来自企业外部的数据资源。数据是所有管理决策的基础，基于数据的决策分析能实现对客户的深入了解和企业竞争力的提升。因此，大数据环境下的企业战略决策不仅是一门技术，更是一种全新的商业模式。

在管理实践中利用大数据对商业模式进行分析的过程，就是利用大数据对现有的繁杂的信息进行二次处理的过程。产品（或价值主张）、目标客户、供应链（或伙伴关系）以及成本与收益模式是商业模式的核心构成要素。针对商业模式中的市场提供、企业、客户和盈利模式四个界面，其创新框架机理是从价值和战略两个维度思量。在价值纬度，商业模式的创新就是企业对自身所处的价值系统的不同环节直接地调整或者整合。大数据能够对价值发现、价值实现、价值创造三个阶段产生直接的影响，从而引发商业模式创新。而商业模式是战略的具体反映、战略是商业模式的组成部分，商业模式和企业战略形成互补关系。企业战略是商业模式的具体实施，其阐释了商业模式应用市场的方式，以此区别竞争对手。利用大数据技术可以对现有数据进行重组和整合，根据大数据的实际运用价值，对企业的战略及其价值系统进行改造调整。

斯密斯将创新分为渐进式创新、创造性探索和商业模式变革三种类型，结合此分类可总结出大数据时代商业模式的创新机制。

（一）渐进式创新

采用传统方法进行商业决策时，需对结构化数据进行线性分析，传统结构化数据的重要性由此凸显出来。此时商业模式转型的重点在于通过整合及分析挖掘企业内部数据，提高企业在新产品和服务开发等方面的管理决策能力。

（二）创造性探索

采用新方法（数据挖掘、智能商务等）和新技术（分布式系统等）分析大数据，探索新的理念，揭示新的模式。此时，多元结构而非单纯的结构化数据被充分重视，企业处理数据流技术也实现了变革。此阶段商业模式转型的重点在于融合企业内外部数据，通过数据挖掘重新设计和管理供应链，深入分析用户行为模式，探索营销创新。

（三）商业模式变革

在前两个阶段的基础上，将非技术创新引入到组织中，产生新的价值源和收入流，颠覆传统商业模式，创造新的市场。此阶段商业模式转型的重点在于通过数据驱动进行以消费者为中心的企业组织变革。

渐进式创新和创造性探索更多体现的是技术型创新，即围绕大数据的获取、分析等技术，创新产品或服务，优化运营流程，而商业模式变革则体现的是非技术型创新，即变革重点更多围绕营销创新和组织变革展开。

六、大数据时代商业模式创新方向

（一）大数据引发服务模式创新

在大数据时代，以利用数据价值为核心，新型商业模式正在不断涌现。能够把握市场机遇、迅速实现大数据商业模式创新的企业，将在企业发展史上书写出新的篇章。大数据让企业能够创造新产品和服务，改善现有产品和服务，以及发明全新的业务模式。大数据技术可以有效帮助企业整合、挖掘、分析其所掌握的庞大数据信息，构建系统化的数据体系，从而完善企业自身的结构和管理机制；同时，伴随着消费者个性化需求的增长，大数据在各个领域的应用开始逐步显现，已经开始并正在改变着大多数企业的发展途径及商业模式。例如，大数据可以完善基于柔性制造技术的个性化定制生产路径，推动制造业企业的升级改造；依托大数据技术可以建立现代物流体系，其效率远超传统物流企业；利用大数据技术可多维度评价企业信用，提高金融业资金使用率，改变传统金融企业的运营模式等。大数据主要体现的是一种思维，即企业进行商业模式创新时应及时考虑到数据的作用，以此指导自身的改变，从而为企业带来新的商机。

商业模式的创新首先应以客户需求为出发点，其次要以产品或服务做支撑，它主要体现产品与客户的交互关系，也是双方价值的产生主体，当产品越符合客户需求，服务模式越迎合客户需求，企业盈利就越多。新一代移动互联网络，可使企业实时与客户接触，使企业及时收集客户的相关数据，经标准化后整合到统一的信息共享平台上，再利用云计算，对海量数据进行分析，并根据客户的规模及市场的竞争情况，组织协调联盟成员共同确定所提供的产品与服务的水平，同时也可以对企业客户的行为模式进行预测，最终指导企业服务模式的创新。通过对大数据的分析，企业可以采取相应的措施改变服务模式，使企业从中获利。

（二）大数据引发联盟网络创新

联盟网络从本质上讲是引发商业模式获取价值的逻辑框架，它的创新对于想要模仿的追随者是极大的打击，同时新的网络结构牢不可破，可以让企业获得更多的优质资源，提升其竞争力。大数据背景下的联盟网络主要有以下两大作用。

其一，产生不同质量的资源。大数据背景下的资源丰富，企业通过大量客户群的拓展，让客户成为自己的重要资源。企业基于商务智能的数据分析平台获得深层次的“客户知识”，使“知识”产生了独立的价值；移动网络和互联网络的应用所获得的“位置”资源、物联网引致的“时间”资源，都成为商业模式的创新资源。这是联盟网络降低成本、带来收益的创新途径。

其二，构建优势价值网络。在当今大数据背景下，联盟网络通过移动互联网发展多种沟通平台，云计算的广泛应用让更多企业能够更经济、更轻松地获取资源。同时，联盟网络通过相应的广泛在线人机交流，极大地保证信息质量及效用，可以让信息指导企业的内在变化，保证企业商业模式的动态平衡，让对应的竞争对手难以模仿自己的变化。

以大数据为支撑，基于产业价值链的分解，可将各个成员企业的价值片段有机整合起来，形成适宜的价值网络，设计更加多样化的价值创造与传递方式，增加网络的灵活性；随着加入的网络结点越多，每个结点创造价值的能力越强，商业模式的整体价值创造能力就更强，也就越难模仿。

（三）大数据引发客户价值提升

大数据引发的客户价值提升的效用是商业模式创新的又一大方向。

其一，大数据背景下可提高客户忠诚度。大数据的不断应用，对于客户参与、客户互动等问题提出新的设想。企业依靠大数据可以更多地提升客户体验度，增加客户体验价值，同时企业依靠大数据还可为客户提供自助化的服务，在不增加员工的情况下，提供更大范围、更便捷的服务；在新一代互联网平台上，通过企业和客户实时的在线交流，企业可提供有特色的“体验”服务，为客户营造一个友好的沟通环境，增进客户的亲切感，有利于收集客户信息并挖掘客户深层次的潜在需求。此外，企业可以通过大数据的分析对客户进行针对性的消费引导，不但可以更好地获取利润，而且可以提升客户忠诚度，在某种程度上达到解决成本的效用，这样有利于企业在创造客户价值的同时也让自己的利益得到保护。

其二，大数据背景下可提升客户参与意识。大数据背景下可以让客户更直观地看到自己对产品的感受是否正确，是否可以通过自己的努力让企业改变想法，这样不仅有利于培养客户的参与意识和黏性，也有利于企业提高客户感受度，可以帮助企业创造新型的“组合”资源，全面提高客户的满意度，使客户愿意付出较高的成本给企业以补偿，进而获得较高的客户定价，由此增加联盟的总价值，同时大数据下客户的广泛参与可以让企业将环境和客户两方面的资源进行完美整合，这样可以更好地满足客户需求，达到企业与客户双赢的局面。

（四）推进企业转换利润中心

在大数据环境下，利润来源逐渐从出售（出租）、授权许可等收费领域转向免费领域。企业利润中心转向免费，相比传统获利方式更容易吸引顾客、扩张顾客基础规模和锁定顾客。

（五）重塑业务组合

大数据给企业创新商业模式提供的机会是重塑业务组合、扩展盈利空间及提升竞争力。企业在经营历程中积累的海量数据，可以通过大数据分析将其价值释放，给企业带来调整、增加业务单元的选择机会。劳斯莱斯是世界著名的飞机发动机制造商，出售发动机是其传统盈利方式。现在，劳斯莱斯运营中心监控全球范围内超过3700架飞机的引擎情况，能在故障发生之前发现问题。大数据帮助劳斯莱斯从简单制造转变成了制造与高附加值服务的组合，出售发动机并以按时计费的方式提供有偿监控预警、维修和更换服务。其他领域的企业在大数据的影响下，也具有重塑业务组合的潜力。

（六）渗透新业务

一些特定业务具有吸引力但经营风险大，而大数据提供的分析结果可以帮助企业化解经营风险，为企业提供以全新的商业模式经营该业务的机会。

（七）发展新交付方式

大数据催生了新价值交付方式，进一步扩大了企业商业模式创新的空间，这些交付方式可以统一用“xx即服务”来表示。一种典型创新是分析即服务，如百分点公司依靠百分点推荐引擎（BRE）和百分点分析引擎（BAE），分析全网消费偏好，为电子商务企业提供精准的营销服务。顾客使用其推荐和分析引擎即可完成顾客服务交付，其服务对象包括凡客诚品、库巴网、唯品会、芒果网等。分析即服务创造顾客价值，为顾客提供分析的同时，利用顾客数据资源不断强化自身数据分析基础。目前，百分点的消费偏好平台已有超过1.1亿网购消费者的消费偏好，超过200亿个消费偏好标签。另一种典型创新是管理即服务。该创新与分析即服务的差异在于通过为顾客提供大数据的集中管理，即可完成顾客价值交付。

第四章　基于“互联网+”的财务管理

第一节　“互联网+”时代财务管理创新理念

“互联网+”时代，给各国经济发展带来了新的机遇，也带来了新的挑战。科技的发展在不断地影响着组织机构、企业模式、管理思想，这些因素都对企业财务管理产生了巨大的影响。财务管理作为企业管理的重要领域，其面临的内外环境日新月异，财务管理理念只有不断创新才能适应高速发展的市场需求。

理念和观念都是意识的产物，它们的区别在于，理念是通过理性思维得到的，是对观念的一种再认识，是从观念之中提取出来的理性的观念。信息技术的发展促进了“互联网+”时代的深入，从财务管理观念中提取出来的理性财务管理理念要适应企业管理的需求，因此“互联网+”时代财务管理理念创新显得尤为重要。

一、零存货理念

（一）零存货实施的时代背景

存货是企业流动资产中一个极具重要的组成部分，存货控制或管理效率的高低，直接反映企业收益、风险、流动性的综合水平。对企业来讲，存货的控制非常重要，既不能太多，也不能太少。存货太多既会造成存货积压，影响产品的质量，也会增加包括仓储费、保险费、维护费及管理人员薪酬等在内的各项支出，造成企业资金的占用，从而影响企业的利润额；存货太少又会丧失一定的客户，影响销售量。因此，保持适当的存货是企业生产经营活动所必需的。“互联网+”时代，大数据、云技术的迅速普及，使得人类社会进入全新的时代，企业完全有条件和能力改变储备材料待生产、库存商品待销售的传统生产经营方式，减少甚至不储备库存，以减轻由库存带给企业的资金周转压力，提高资金利用效率。

（二）零存货的基本含义

零存货来自适时生产系统，是指企业在供、产、销各个环节，使原材料、在产品和产成品等的库存量趋近于零，以避免存货占用资金的储存成本、机会成本等，并防范存货的过时、减值、跌价、报废、毁损等风险，是一种由后向前拉动式的生产方式。传统的生产系统采取由前向后推动式的生产方式，前面的生产程序处于主导地位，后面的生产程序只是被动地接受前一生产程序转移下来的加工对象，继续完成其后面的加工程序。这种生产方式必然会导致在生产经营的各个环节上，要储存大量的原材料、半成品、在产品，从而大量占用企业资金。然而适时生产系统采用由后向前拉动式的生产方式，以顾客订单有关产品数量、质量和交货时间等特定要求作为组织生产的出发点，前一生产程序严格按照后一生产程序要求的原材料、在产品、半成品的数量、质量和交货时间组织生产，尽可能地在供、产、销各个环节上减少存货量或者采用零存货理念。在这种理念下，不需建立大量原材料、半成品、在产品、产成品等库存准备，避免了生产系统大量占用企业资金的弊端，使得企业的生产经营实现了“以市场定销售，以销售定生产，以生产定部门”的生产经营目标，从而提高资金的利用效率及企业经济效益。

（三）零存货管理的基本理念

零存货管理要求企业供应、生产、销售等各部门实行统一计划，精心安排和合理配置企业的相关经济资源，实现均衡生产。

1. 领会零存货管理思想，各部门协调合作

目前，部分企业领导及员工缺乏对零存货管理的正确认识，仍固执地囤积大量货物作为企业的资产和财富的象征。但存货极易陈旧过时、

积压变质及流动性差等缺陷使得固定囤积存货必然造成企业资金紧张、财富贬值，因此领会“互联网＋”时代的零存货管理思想并将其付诸实践成为解决这一问题的有效手段。

企业管理过程中，各职能部门为了自身管理需求都会将存货保持在某种水平上。销售部门希望保持较高的库存商品存货水平，它们确保库存商品齐全以满足各种客户的需求，也避免由商品短缺造成生产和销售损失；生产部门希望保持较高的产品和材料存货水平，它们大批量生产产品以降低生产成本，也避免由材料短缺造成不必要的生产延误；采购部门希望保持较高的原材料存货水平，它们大量采购原材料以减少采购费用，确保尽早进货，以避免由中断供应造成生产减少和停顿；财务部门希望存货的资金占用越少越好，它们确保企业资金的有效利用，避免由存货货款的占用造成机会成本损失。由此可见，企业内部各个职能部门由于自身管理需求对存货水平的要求相互矛盾。因此，存货的管理需要销售、生产、采购、财务等各部门的密切配合、相互协调，以实现企业总体运营的优化，使企业获得最大利益。

另外，有些人认为零存货就是没有库存，这种思想是不正确的。由于产品的生产和销售存在时间和空间的不一致，将零存货等同于完全没有库存是行不通的。企业生产经营过程中，存货的消耗速度具有不确定性，产品生产周期具有波动性，销售数量具有不稳定性，使得企业存货不可能每时每刻为零。因此，实施零存货管理，每个部门必须领会其意义，尽可能压缩物资在各部门的滞留时间，降低库存量和库存额，借助“互联网＋”时代的大数据、物联网，实现生产经营的需要与材料物资的供应同步，使物资转送与企业加工速度处于同一节拍，从而保证各部门的业务有计划地进行，将供应、生产、销售及财务各个环节都纳入计划轨道，培养员工对零存货理念的系统认识。企业领导应该以身作则，转变观念，通晓“互联网＋”时代企业管理之道，这样既能在企业发展顺利时，率领各部门把企业办得更加兴旺发达，又能在企业处于逆境时，出奇制胜，使企业转危为安。移动互联网、大数据、物联网使得信息的传播速度快、传播途径广，企业领导更应具备战略家的头脑和智慧，从全局和战略的高度，确定企业的经营战略和管理思想，以推动企业存货管理、企业财务管理、企业全面管理工作朝着良好的方向发展。

2. 设置生产统筹职位，实现生产多样化、智能化

企业生产经营过程中，有些客户购买产品会提前下单，而有些客户下单有很多不确定性。因此，为了更好地实施零存货管理，可将客户需求进行分类，分为通用产品的需求和专用产品的需求。通用产品的客户通常没有确定的订单，需要企业销售部门预测；而专用产品的客户一般都会提前下达订单。为了协调销售部门与生产部门、供应部门之间的沟通，企业可以设置生产统筹岗位或者生产统筹部门，统筹专员根据订单和市场预测的需求，随时了解和督促采购部门的采购活动，适时调整销售计划，每周末提交下周的交货安排。当出现突发状况时，统筹专员应立即与客户协调产品的交货期，同时通知生产部门调整原来的生产计划，此时，企业还应将该供应商列入密切关注名单，并且及时增加新的供应商。生产统筹专员的协调，避免了供应、生产和销售部门的严重脱节问题，成为零存货管理的关键。

根据专用产品和通用产品的不同，生产部门应分别采用两种生产方式，第一种为依据订单量生产，第二种为补充库存量的生产。依据订单量生产的方式为拉动式生产，是根据客户的订单从最后一道工序开始确定需要生产的数量，再根据最后一道工序需要的数量倒推前一道工序需要生产和加工的数量，直到推到第一道工序为止，然后根据生产进度和原材料需要量，最终确定向供应商购买材料的订单，这种由后向前的拉动式的按需生产系统真正实现了零存货。补充库存量的生产是企业根据过去的经验判断每周的产品需求量，结合销售的需求计划和库存的存货量确定每周的生产量，这种生产方式也是以需定产，但由于基于经验以及估计值，有时会有一些偏差。这两种生产方式交叉运用，由生产安排人员和统筹专员根据需求沟通确定最终的每周生产计划。

此外，“互联网＋”时代，企业尽量实施智能化生产，一方面能随

时满足客户的需要，另一方面可最大限度地减少生产过程中人工不可避免的缺陷，消除残次品对整个生产作业流程的不良影响。所以，采购、销售、计划、财务等部门应采用大数据、云技术等进行处理，根据不同时间、不同地域的市场需求，设计出最优的生产方案，选择最优进货渠道，随时对企业生产经营各环节进行监控，以保证生产经营的顺利进行。

3. 采用ABC分类法采购存货，严格控制采购成本

由于零存货是企业在供、产、销各个环节上使原材料、半成品、商品等的库存量趋近于零，既要实现零存货管理的低库存量，又要及时快速取得质优价廉的存货，企业可以将存货划分为A、B、C三类，将价格高、数量少且需要预订的存货归为A类，将金额较大、可以赊购的存货归为B类，将金额较小、需求数量较多、需要批量采购的存货归为C类。不同的存货类别采用不同的采购策略，对于A类存货应与供应商签署长期供货协议，定期确定供货需求量，确保存货随用随发，这种供应商不用太多，保持一家到两家即可，以生产商为主；B类存货按照订单或者计划生产，可以选择三家到五家供应商，以生产商和经销商为主；由于C类存货金额较小、数量较多，供应商的选择可以适当放宽条件，可以利用“互联网＋”的优势在网络平台设置最低警戒线，只要触碰警戒线，系统就会自动报警提示存货购买数量和要求。这种存货管理方法的优势是能够降低成本、节约支出，并降低存货陈旧、减值、毁损等风险，从而可以增加企业的经济效益。

4. 建立稳定可靠的大数据购销网络

采购部门应建立稳定的采购网络，比较各厂家进货价格、质量、规模、运输条件等，明确采购地点、采购对象或品种，广泛了解所需各种原材料、燃料、半成品、在产品、低值易耗品等的供应商资质等级、供货地址等详细信息。同时，充分利用“互联网＋”时代大数据、云技术的优势收集、识别、处理、审核并确定相关信息，加强与供应商的长期稳定合作，保证企业能够及时、适量地取得生产所需原材料等存货。由

于零存货管理强调以市场为导向、以销定产，企业应利用大数据技术，追踪和确定不同时间、不同地域的市场状况及销售实情，制定相应的营销对策和竞争战略，开拓销售渠道，为企业争取稳定的订单，建立稳定可靠的销售网络，均衡地组织生产，避免产量大幅度波动和积压浪费。此外，企业还要注重销售环节信用制度和信用政策的制定，减少收账成本，加速资金回收，提高资金使用效率。

二、零营运资本理念

（一）零营运资本的概念及理论依据

营运资本是企业的流动资产与流动负债相减的净额，即营运资本＝流动资产－流动负债。零营运资本本质上属于“零存货”的进一步扩展。传统财务管理强调流动比率是一个衡量短期偿债能力的重要指标，该指标越大，说明流动资产对流动负债的保障偿还能力越强，企业对于支付义务的准备越充足，短期偿债能力越好；该指标小于或等于1，也就是流动资产小于或等于流动负债时，企业的营运可能随时因周转不灵而中断，从而增加了企业的经营风险。

但是，流动比率过高，可能是由商品、材料等存货的积压陈旧、过时滞销或者是由应收账款到期无法收回的占款造成，使得真正用来偿还债务的资金短缺。也正因为如此，很多国家的企业都在追求“零营运资本”的经营理念。

零营运资本的财务管理理念作为降低成本的有效方法应运而生，而且很快成为许多企业财务管理实践的指导性理论。美国标准公司的总裁埃曼纽尔·坎布里斯在公司财务困难时，将公司营运资本降为零，动员从英国到巴西的全部加工厂的子公司压缩存货和营运资本；他用省下的营运资本偿还债务，还将余下部分投资增产，使成本降低，营业收益大增，最后挽救了处在崩溃边缘的公司。海尔集团提出的零库存、零距离、零营运资本是海尔市场链的战略目标，海尔的零营运资本管理也强调把企业在应收账款和存货等流动资产上的投资成本尽量降低到最低限度。

营运资本效率高、营运资本管理得好，即使较少数额甚至“零”营运，资本也能发挥很大的经济效益。追求零营运资本目的在于减少应收账款和存货，减少资产不必要的占用，以提高企业经济效益。零营运资本的理论依据也正在于此，通过提高营运资本的周转速度来压缩存货和应收账款，将占用在存货和应收账款上的资金解放出来，以此提高企业的经济效益。

（二）零营运资本的作用

零营运资本的理念相当于利用财务杠杆，以较少的营运资本取得较大的收益。零营运资本的这种杠杆作用具体表现在以下三个方面：第一，追求零营运资本，可以促使企业加强应收账款的管理，使企业积极制定应收账款信用标准和信用政策，严格收账制度，确保应收账款加速回收而避免坏账的发生，确保资金周转畅通；第二，追求零营运资本，可以促使企业加强存货的管理，加速存货的周转，减少存货周转时间，避免因存货过时、滞销、积压、浪费等占用资金，在节约开支的同时增加企业经济效益；第三，追求零营运资本，可以促使企业提高营运资本的周转速度，使占用在应收账款和存货项目上的资金解放出来，用于“互联网＋”时代的技术、无形资产、智能创新及生产经营再投资等，以此提高企业的经济效益；第四，追求零营运资本，可以促使企业资金投入更精准、生产能力更强、销售收款速度更快，缩短企业的循环周期，促使企业设备以及产品的更新换代，以适应“互联网＋”时代的市场竞争，这既巩固了老客户，又赢得了新客户，从而增加了企业的利润额。

三、零缺陷理念

零缺陷理念是指零缺陷的全面质量管理理念。全面质量管理是指为了能够在最经济的水平上考虑到充分满足顾客要求而进行市场研究、设计、制造和售后服务，把企业内各部门的研制质量、维持质量和提高质量的活动构成一种有效的体系。

企业要在“互联网+”时代日益激烈的市场竞争中生存和发展，就必须在质量上下功夫。现代社会所需的产品结构日趋复杂，对产品精密度和可靠性的要求也越来越高，所需费用将以质量成本的形式增加企业负担。

全面质量管理是20世纪60年代由美国著名专家费根堡姆提出，是在传统质量管理基础上，随着科学技术的发展和经营管理需要而发展起来的现代化质量管理工具。此后便在世界各国得到迅速推广，并在实践中不断得到丰富和发展，成为企业界备受青睐的管理工具。我国在20世纪80年代引进并推行全面质量管理，为企业带来了较好的经济效益。近年来，许多著名企业也在努力实施全面质量管理，并结合实际成立了专门的质量控制小组，建立了由高层领导、专业干部和工人参加的“三结合”质量管理体制。此外，很多企业创建智能化、自动化的专业质量管理体系，不仅保证了产品质量，提高了经济效益，还增强了企业竞争力。

全面质量管理的关键在于实现零缺陷。零缺陷是指所有产品都符合规格，即将不合格产品数量降为零。为了实现零缺陷的全面质量管理，每个生产阶段、每道工序、每个加工步骤都要按照设计好的程序抓好质量控制，做到每个生产阶段、每道工序、每个加工步骤的零缺陷，以达到最终产品的零缺陷，因此零缺陷具有成本效益上的合理性。零缺陷的全面质量管理理念把重点放在对每道加工程序的连续性质量控制上，一旦加工操作出现问题，就立即采取措施，尽快进行消除或更正，以实现缺陷在生产第一线瞬时的智能化以及自动化控制，绝对不允许任何一件有缺陷的零部件从前一生产程序或步骤转移到后一生产程序或步骤，以保证企业整个生产过程中零缺陷的实现。

四、零起点理念

零起点理念来源于管理会计中的零基预算。零基预算的全称为“以零为基础编制计划和预算的方法”，是指在编制预算时任何费用项目的开支数额均以零为基础，不考虑以往情况如何，从根本上研究分析每项预算有无支出的必要和支出数额的大小。这种预算不以历史为基础进行修补，在年初重新审查每项活动对实现组织目标的意义和效果，并在成本—效益分析的基础上，重新列出各项管理活动的优先次序，并据此决定资金和其他资源的分配。

零基预算的思想源于 1952 年，由美国人维恩·刘易斯提出。零基预算不受现行预算的约束，能充分发挥各级管理人员的积极性，还能促使企业各个职能部门厉行节约，精打细算，合理使用资金，提高资金的使用效率，因此很快风靡西方发达国家。在竞争激烈、技术革新的“互联网＋”时代，“零起点”的内涵在不断扩大，将会延伸到企业管理的各个方面。企业的作业流程以“零”为起点，一切从头做起，能促使企业管理者打破陈规，从一个全新的视角审视各项工作。随着经济环境的剧变及市场竞争的加剧，零起点的竞争战略将会越来越受到企业管理者的青睐。

综上所述，“互联网＋”时代，对“零”的追求作为一种新的财务管理理念，是企业增强竞争力、提高经济效益的一种有效手段。

第二节　“互联网＋”时代财务管理的优化

一、“互联网＋”时代对财务管理创新的全方位影响

（一）“互联网＋”时代对传统企业的影响

目前，很多企业利用创新带动发展，利用网络进行跳跃式发展，将网络数据库、云计算等先进技术应用于企业，促使电子商务、工业互联网和互联网金融三位一体良好运作。现代企业的转型通常按照如下模式运行：首先，进行初步网络营销，如通过电子邮件、博客、论坛、门户

等进行广告宣传和销售；其次，发展到电子商务阶段，如淘宝、京东等；再次，发展到C2B（Customer to Business）、F2C（Factory to Customer）等厂家直销、批量定制、团购；最后，发展到网络思维的构建，在组织方式、运作模式、经营理念等价值链方面进行创新和重组，这一阶段强调“互联网+”时代财务管理创新研究。

（二）“互联网+”时代传统的财务管理已无法满足现代管理的需要

仅仅做好账务核算，仅仅针对月度或年度的财务报表进行分析，已无法为企业管理层做出及时、准确的决策带来帮助。尤其是在“互联网+”时代，面对大量的数据信息，以及各种新技术、新业务模式的冲击，财务管理如果仅仅是单一的数据核算，则对企业发展和变革是起不到支持作用的。因此，财务管理应该以更主动、更积极的方式为企业服务，要实现从“事务型”向“经营管控型”的转变，要更加注重互联网的及时性，以及财务数据与业务数据的融合。在业务流程中，预算是一切活动的开始，预算与业务流程的融合能够制定出更切实可靠的预算方案；收入是业务流程的核心，通过梳理各个业务环节所涉及的收入点并绘制收入风险图，能监控收入全程，保障收入实现；成本管控与业务流程的融合则更能体现精益财务的思想，借助互联网的信息系统能够对成本发生点进行监控，并及时调整对资源的分配策略；资产是一切经营活动的基础，资产管理与业务流程相结合能够获取更详细准确的资产使用和需求信息；风险控制与业务流程的融合可以满足全面风险管理的要求。“互联网+”时代，微博、微信、博客等中的各类与企业相关的信息，有的看起来很有用，实则与企业没有关联度，有的看起来微不足道，实际却与企业的发展战略息息相关，然而对这些信息进行处理需要耗费相当多的人力和物力，而且具有财务与数据分析能力的专业人才才能胜任此项工作。

（三）现代企业管理已经不满足于用ERP等手段进行事后管理

由于竞争的加剧，以及对时效性的关注，企业管理层希望得到更富于洞察力、更富于前瞻性的财务分析，这也会给传统的财务分析模式带来冲击。财务人员对数据的整合和分析能力将得到关注和提升：要在繁杂的数据中，去粗取精，化繁为简；能灵活地根据管理需求对财务数据进行多维度分析，能运用互联网平台准确地预测未来的趋势和变化。这些都将给企业经营带来极大的价值。企业可以利用“互联网＋”时代提供的大数据、云技术等使财务管理人员脱离繁杂的工作，通过建立云仓库、云平台，使财务管理工作变得高效、流畅，财务管理的远程化、智能化和实时化也会成为可能。通过对财务信息和人力资源等非财务信息的收集、整理和分析，大数据可以为企业决策提供强大的数据支持，帮助企业选择成本最低、收入最高、风险适中的方案和流程，减少常规失误，最大限度地规避风险，使企业的财务管理工作更具前瞻性和智慧性，企业的内部控制体系得以进一步优化。

（四）“互联网＋”时代企业财务管理转型面临的问题

不同的企业有不同的特点和业务类型，在转型过程中，必然会遇到不同的困难和问题，但基本方向是一致的。一般情况下，企业从网络获取最新的信息，作为企业管理和决策的数据支持。另外，企业应培养互联网思维方式，打破传统的条块化管理模式，逐渐发展为相互交融的共享化模式。“互联网＋”时代的财务管理转型首先要有大数据平台的支持，在此基础上改变业务流程及管理理念。企业的财务管理部门扮演着关键的角色，也占据着基础性地位。财务管理的传统业务主要集中于对基础数据的整理和记录，而“互联网＋”时代更强调企业的战略管理、风险控制、市场管理、价值链管理、综合素质、现金流管理、信息化管理、预算管理等方面。

企业在转型过程中，应当提高财务管理部门在企业中的地位和职能，特别重视管理会计的素质和业务水平，促进企业在业务支撑、核心财务、运作模式三大方面进行转型。要扩大管理会计的职能范围以使其能够更多地统筹企业的财务预算和财务规划，进行财务报表的编制和分析，并准确地预测企业的发展趋势，为企业更好地经营提供数据支持。此外，通过对互联网大数据的研究和对一些信息的加工整理，管理会计人员能够根据企业决策需要，进行相关报告的编制。

（五）“互联网+”时代给财务管理带来的新风险

“互联网+”时代的虚拟性给财务管理带来的一个重要威胁是网络的安全问题。网络经济要求财务管理活动要通过互联网进行，而互联网体系使用的是开放式的协议，它以网络的形式进行传播，易于搭载侦听、试探和窃取口令、假冒身份，存在巨大的潜在风险；而目前传统的财务管理中大多采用基于内部网的财务软件，对来自互联网的安全威胁考虑不是很全面，企业的财务数据属于企业重大商业机密，如遭破坏或泄密，将会给企业带来不可估量的损失。其次是身份确认和文件的管理方式问题。“互联网+”时代，商业交易均在互联网或云端进行，需要通过一定的技术手段相互认证，保证电子商务交易的安全。而传统的财务管理软件一般采用口令来确认身份，不同的用户有不同的口令。如果继续沿用这种口令身份验证方式，那么随着互联网用户和应用的增加，口令维护工作将耗费大量的人力和财力，显然这种身份验证技术已不适合基于互联网的财务管理。另外，传统的财务管理一直使用手写签名来证明文件的原作者同意文件的内容，而在“互联网+”时代，电子报表、电子合同等在辨别真伪上存在新的风险。此外，由于电子商务是“互联网+”时代的主要交易手段，财务管理和业务管理必须一体化，电子单据、分布式操作使得可能受到非法攻击的点增多，而目前的财务管理缺少与“互联网+”相适应的法律规范体系和技术保障。例如，在电子商务中如何征税、交易的安全性如何保证、数字签名如何确认、知识产权如何保护等问题都是在“互联网+”时代出现的，它们给企业的财务管理带来了新的风险。

二、“互联网+”时代财务管理创新的动因及初始条件

（一）“互联网+”时代财务管理创新的动因

财务管理创新属于企业的战略变革，企业战略变革成功的关键在于创新动因。因此，财务管理创新动因是企业战略转型的关键因素，这些因素对战略的成功选择与实施起着至关重要的作用。按照战略变革动因

的理论思路，可将企业财务管理创新的根本动因归纳为综合国力提升的必然要求、企业可持续健康发展的迫切需要、转变我国经济发展方式的急切需求，以及我国应对复杂国际形势的必然要求等方面。

1. “互联网＋”时代综合国力提升的必然要求

综合国力是一定历史时期内主权国家在政治、经济、军事、科教、文化、教育、资源等方面实力和影响力的总和。从中国综合国力的快速提升可以看出，我国企业正处在外部环境的复杂变化之中，新旧体制的转换，增加了企业的财务风险和经营风险；一些企业财务信息缺失、财务观念落后导致违反国家相关规章制度的情况时有发生；很多企业的财务业务一体化不够深入，财务管理在公司战略管理中的作用以及执行能力不强，致使全面的价值管理与价值创造能力薄弱，风险识别与防范能力不足。

由此可见，企业应该积极探索财务管理创新，利用企业会计准则体系确认计量的资产、负债、收入、费用等财务信息，更要利用创新的财务管理体系精准预测供应、生产、销售、分配等经营信息，参与经济管理决策，实现价值开发和创造，为我国综合国力的提升提供强有力的保障。

2. “互联网＋”时代企业可持续健康发展的迫切需要

企业是财富的创造主体，是国民经济的细胞，是推动社会发展、经济技术进步的主导力量。近年来，我国企业抓住快速增长的经济发展契机，充分发挥比较优势，兼顾企业内部和外部的全面综合发展，成功战胜了信息化和市场化带来的巨大挑战，取得了举世瞩目的成就。

然而随着“互联网＋”时代的深入，企业也出现了一些问题。第一，经营业绩亟待改善。“互联网＋”时代，企业受到互联网的冲击而陆续关停并转。第二，人均价值创造能力有待提升。第三，跨国指数有待提高。企业要能够登高望远、面向全球，在全世界整合、吸纳资源，增强自身竞争力。第四，传统企业面临商业模式变革。随着“互联网＋”的蓬勃发展，诸多行业的边界日益模糊，大量新技术、新产品、新服务不断出现，企业需要跨界竞争和灵活合作以满足业务发展需求。很多企业逐渐开拓网络销售渠道，依托互联网平台扩展自身业务并疏通产业链，进一步提升企业核心竞争力。第五，新兴行业发展空间广阔。以互联网服务、新媒体为代表的“互联网＋”新兴服务、“互联网＋”金融等新兴行业正凭借独特的竞争力快速发展。第六，制造企业转型升级亟须加速。制造服务化趋势对服务业企业提出了更高要求，产业转型升级任重道远。

（二）“互联网＋”时代财务管理创新的初始条件

创新建立在一定的初始条件基础之上，初始条件决定着创新措施的时机选择和实施效果。企业财务管理创新涉及外在环境、技术变革、人的思维理念、制度执行及方法、手段等的变迁。笔者借鉴发达国家财务管理创新经验认为，科学技术的进步、企业经济环境的变迁、市场需求的增加、充足的资金支持及制度环境的不断完善，为我国企业财务管理创新提供了初始条件。

1. “互联网＋”、大数据等科学技术的进步

“互联网＋”时代，科学技术的进步比以往任何时代都要迅猛。科学技术的进步为我国企业优化管理、提高生产能力带来了新机遇，也成为制度变迁的重要驱动机制，为企业财务管理创新提供了初始条件、效率保证和技术支持。

科学技术的进步给企业资本带来不小的变动，企业资本的嬗变拓展了筹资投资的选择范围。“互联网＋”时代的企业资本不仅包括物质形态的财务资本，还将非物质形态的知识资本、技术资本等囊括其中，使得企业筹资、投资、经营及分配活动面临更加复杂多变的市场环境，加大了企业经营风险、财务风险和综合风险。为了提升抵御风险以及市场竞争的能力，企业必须加强风险预警和控制以提高风险管理的意识和能力，改进技术资本、知识资本的价值补偿方式，创新企业投融资项目可行性分析的模式与手段；必须严格按照现代企业制度运作，升级改造企业运作流程，优化资本结构，健全法人治理结构，促进财务决策科学合理。

大数据、互联网、云技术等现代科技在企业中的应用为企业财务管

理创新提供了技术支持和保障。互联网、物联网、大数据、云计算等与传统行业、新兴行业的融合发展促进了企业经营的网络化、便捷化、自动化、智能化及个性化，使财务管理倾向零库存、轻资产、快周转、低费用、高回报。企业应将互联网思维植入财务转型，利用网络信息平台整合资源、突破时间空间的局限，将远程交易转为鼠标控制，实现基于流程再造与重构的财务管理创新，通过网络使财务管理延伸到企业运营中的任意节点，管理者应对企业各个职能部门实施财务监控，推动企业财务管理信息化、流程化、智能化的进程。

2. 企业经济环境的变迁

企业经济环境是指企业生存和发展的社会经济条件、资源状况、运行情况、产业结构、发展趋势等，是影响企业财务管理的重要因素。“互联网＋”时代，金融和经济全球化迅猛发展，企业面临双重竞争压力，一方面要应对国内竞争，另一方面要应对国际竞争。因此，经济全球化成为推动财务管理创新最主要的经济环境。

由于金融工具、金融市场等不断创新，依靠传统单一的自有资本以及自有资金的管理模式已远不能适应国际竞争的需求，国内外投融资并重的多元化模式更适应“互联网＋”时代企业经济环境的变迁。然而，随着投融资模式的变化，企业面临的财务风险、经营风险、决策风险与日俱增，运用金融工具、衍生金融工具时也面临着新生金融市场的风险。为了满足“互联网＋”时代的经济环境变迁对财务风险防范的要求，企业应当在提高经济效益的基础上将企业运营和金融市场风险控制在可以承受的范围内，建立财务风险预警系统，制定财务风险防控措施。

3. 市场需求的增加

“互联网＋”时代，我国企业面临着由粗放型生产向精益型生产转型、由制造型企业向服务型企业转型、由供应链竞争向需求链竞争转型、由劳动力低成本向管理低成本转型、由追求规模向追求个性化转型、由挖掘高素质人才向适应普通型人才转型、由单打独斗向融入国家发展战略转型。在转型过程中，企业价值创造的方式、模式发生了巨大变化。一方面，“互联网+”时代企业创造财务价值的方法发生了颠覆式改变。免费体验、众融众筹、负债、亏损等方式均可创造财务价值，这是线上企业如京东商城、淘宝、微信等创造价值的过程和经验。可以说，“互联网+”时代，除了用传统的股权和债权指标衡量企业创造的财务价值，网络用户数、流量信息、网络节点距离、点击率、变现因子、溢价率系数等都是不可忽视的重要因素。另一方面，社区商务模式具有潜在的生命力，是创造企业财务价值的新型模式。率先进入社区商务模式的企业能够有效把握消费者的生活方式，带给符合消费者需求的生活体验，快速走进客户价值链，成为产业链的组织者，成功取得企业未来竞争的制高点。因此，企业应发挥自身优势，根据消费者需求开创网络互动需求链，建立既符合自身情况又能满足消费者需求的社区商务模式。

4．提供资金支持

企业财务管理创新涉及面广，是一项技术复杂、耗资巨大的系统工程。财务管理信息系统升级改造、财务管理流程再造与重塑、财务管理体系的建立与实施、员工的培训学习、建立财务管理创新体系后的职责重组、软硬件的更新投入等很多方面都需要资金的匹配与支持。充足的资金支持是实现企业财务管理创新的重要保障。

加大研发投入，将企业研发作为提升持续竞争能力的基石。财政部、国家税务总局、科技部等鼓励企业增强科研开发，于 2015 年 11 月联合完善了研发费用加计扣除的新政策，促进企业加大研发资金的投入力度，以提高潜在竞争力，获得足够的创新资金。

5．创新制度环境的不断完善

传统的财务管理模式是在传统制度环境下企业慎重选择的结果，一旦制度环境发生变化，传统制度的合理性就会逐渐弱化，制度变迁就有可能发生。近年来，随着企业内部控制规范体系的制定与实施，企业会计准则、财务通则等制度的进一步规范，制度环境不断完善，我国企业财务管理创新制度环境也更趋合理。

为了推动企业从会计控制向全面风险管理发展，为了有效防范各种风险，财政部等五部委于2008年6月联合发布《企业内部控制基本规范》，2010年4月又联合发布《企业内部控制配套指引》，中国企业内部控制体系正式建立，自2011年1月开始逐步推行。截至目前，企业均按照规范体系编制并披露企业内部控制的自我评价报告，推动了我国企业全面风险管理水平的提升，使企业内部控制规范体系不断完善。

三、"互联网+"时代财务管理优化的措施

"互联网+"时代的财务管理优化措施应涵盖重视财务管理的战略地位，构建大数据处理平台，财务工作非结构化分析和处理，打造多维智能的预算管理系统，改进财务管理流程。

（一）重视财务管理的战略地位

一些发达国家的企业非常重视财务管理的战略地位，并拥有相关的分析工具，如平衡计分卡、战略地图等。而随着我国市场经济迅速发展，我国企业的管理能力也在大幅度提高，很多企业也会利用这些分析工具来提高管理质量和效率，促进管理向综合化、精细化发展。互联网促进社会经济的信息化、复杂化，进而迫使企业在经营理念、管理方式和组织形式方面进行改革。另外，还要求企业缩短调整周期以适应快速变化的市场经济环境。在这种情况下，企业财务管理部门担负着为这些变革提供数据支持的重要任务，涵盖财务预算、风险控制、战略管理等各个方面。

（二）构建大数据处理平台

不同的企业通过网络能够进行更为迅捷、更为充分地联系，从而促使各类形式的组织结构向着多元化、扁平化发展。而传统的企业财务管理大多采用集中控制的手段，难以满足"互联网+"时代下多元化的要求，所以企业应削弱中心权力，即"去中心化"。所谓"去中心化"，并不是指降低管控力度，这种管理控制的重点在于大数据平台的搭建以及从平台中进行信息资源提取。大数据平台具备强大的数据处理能力并具有表格、流程图等典型模型，提供搭建程序和搭建工具来进行数据处理和信息交换。它具备很强的兼容性，能够在一个框架内进行产销、资

源、人力等各方面数据的分析研究。现阶段，已经有不少企业在大数据平台建设中取得了一定的成绩。例如，在云计算技术的运用方面，工作人员能够通过云端进行会计数据的共享，从而实现数据远程控制，使企业工作效率得到极大提高，管理人员也能通过对平台数据资源进行深入分析来预测企业即将面临的风险因素以进行适当调整，提高企业对环境的适应性，另外还可以促进企业的财务共享。

（三）财务工作非结构化分析和处理

传统的会计核算工作通常会遵循一个准则来执行，一般经济事务的处理也存在一定的模式，会计数据具有很强的结构性。而在网络席卷经济市场后，财务工作在工作方式和管理理念上都发生了革命性地改变。网络的便捷使得财务工作人员突破各种瓶颈，收集信息、分析数据的水平大幅度提高。另外，网络也为项目评价、流程改进、成本控制等各项工作创造了有利条件。

财务管理运用“互联网＋”的平台后，财务工作将变得灵活，其采集、处理及管理的范畴将涵盖所有与企业业务相关的数据和资源。“互联网＋”时代是一个大数据时代，只有具备大财务的企业才能更好地适应这样的大环境。财务人员要同时分析与企业业务相关的各种报表和非报表数据，深入研究非结构化数据，这也对财务人员的工作水平和能力提出了更高的要求。财务报表分析应灵活考虑各种因素，具体包括企业资金周转水平、盈利情况、负债情况、未来发展前景等。此外，要归纳分析财务报表的附注信息、业务信息等电子数据，特别要注意重大资本的运作、重大或有风险和财产损失、重大资金往来等事项，结合结构化和非结构化数据进行综合研究，结构化处理一些重要的非结构化数据；分析一些环节中的测评结果，结合现有的法律法规检查财务工作的制度细节，分析企业内部控制制度是否健全、有效，对其风险水平进行估算。

（四）打造多维、智能的预算管理系统

“互联网＋”对企业起到的最重要的作用就是大大提高了企业管理的智能化水平。预算编制、预算执行乃至预算监督并不是流水线式运

作，而是要同时进行多维分析，从多个角度看问题，具有很高的技术含量和复杂的心理因素。当前，我国企业在预算管理方面仍存在不少问题，绝大多数企业仅具备基本的预算编制能力，预算数据大多来源于旧有的经验，很少能够兼顾迅速变化的外部市场环境和条件，缺乏科学性和准确性，不能为管理人员的决策提供有效的数据支持，也就难以使企业进行正确的预算调整。另外，部分企业预算控制体系不够完善，信息化技术含量较低，而在预算分析方面，只停留在单纯的图表分析上，未能考虑企业各种具体需求和企业环境的具体状况。

企业应打造适应“互联网＋”时代背景的财务管理模式，在这一财务管理模式下，数据挖掘和运用障碍将被大数据平台打破。基于该平台的财务管理体系具备强大的功能，能够高效地汇集企业财务、业务、环境等各方面的历史数据，能够更为科学地剖析企业预算目标、编制预算报告，制定更加合理的预算管理流程。一般情况下，企业的预算管理系统会在特定的编制期间和调整期间得以更新，而业务系统中数据更新周期很短。企业可以利用大数据平台，在预算监督时，实时对照分析企业业务信息系统数据和预算系统数据，并进行及时调整，提高监督的有效性，进而提高企业的管理质量和管理水平。

（五）改进财务管理流程

总体来说，我国财务管理信息化大致经历了如下四个阶段：首先为利用计算机进行简单的财务计算；其次为信息资源共享，整个企业集团通过终端分享数据；再次为局域网，数据资源通过服务器和端口进行交换；最后为现阶段的“互联网＋”时代，特点为信息数据量呈现爆炸式增长。以前的会计处理方法通常要遵循固定的流程，决策者根据其结果进行决策。但是这种传统的会计处理方法在市场经济环境中逐渐显现局限性，使越来越多的相关方无法获得及时、具有高利用价值的会计信息数据。而网络在逐渐改变这一现象，“互联网＋”时代的到来不仅可以大大提高企业财务工作的效率，也可以使财务人员实时地获得大量有用数据，并实现了信息实时传递的功能，可以针对需要迅速有效地汇集可靠的财务数据，从而成为企业坚强的数据支撑。企业通常具有四个相关的循环流程：资金流、物资流、人员流、信息流。其中，与财务部门密切相关的主要为资金流与信息流。企业通常最为重视业务和资金，这二者最理想的情况是步调一致。但资金流属财务部门工作范畴，传统的工作方式必定会产生一定的滞后，导致业务流和资金流脱节。而随着“互联网＋”时代的到来，电子商务的迅速发展，网络交易方式越来越多，越来越方便，业务和资金慢慢靠拢和交融，二者的对称性和同步性更高，这为企业业务和资金配置的优化提供了有利的条件。

每个企业都无法忽视“互联网＋”时代带来的冲击和挑战，不断寻求方法，抓住机遇，改变各自的经营理念、工作方法，使财务工作朝着大数据、多维视角、多种形式的方向发展。财务管理部门需要结合企业自身的特点，顺着这样的大方向，细节中求创新，寻求使企业跨越式发展的有效途径。

第三节　“互联网＋”时代财务管理流程重构

“互联网＋”时代对财务管理提出了诸多要求，财务流程作为财务组织工作的实现路径，其设计必须满足时代的要求。如果财务流程能够满足时代的要求，企业就能得到长足的发展，进而使企业在竞争中处于优势地位；如果财务流程不能满足时代的要求，就会对企业的发展产生不利影响，这时就需要对财务流程进行变革——财务流程再造与重构。

一、传统财务流程

传统财务是一个以提供财务信息为主的信息系统，通过使用专门的语言、方法和程序，对企业的经营活动和财务状况进行反映和控制，为利益相关者提供财务信息。财务目标是通过财务流程实现的，根据数据分类，财务流程可以分为数据收集流程、数据加工流程及数据输出流程。在传统财务流程中，财务人员将收集来的财务数据，通过原始凭证—记账凭证—账簿—财务报表这一过程，加工成财务信息提供给使用者，使用者根据财务信息形成自己的认识，据此进行决策并产生决策结果。

财务流程是一个从数据收集到信息输出的过程，整个过程又分为几个小流程，每个小流程既有自己特别的任务，又与其他流程紧密联系，配合数据及信息的传递。财务流程基本上可以简化为以下三个主要的流程。

（一）数据收集流程

数据收集流程的主要任务是收集来自经营活动的数据，为下一流程的数据加工服务。这一流程数据的主要表现形式是原始凭证。原始凭证是传统财务流程的起点，也是反映经济业务活动的载体，财务人员通过原始凭证的传递从经济业务中收集数据，进而使相关数据进入财务信息系统。传统财务流程的数据主要来自支付流程的数据、生产流程的数据和销售流程的数据。支付流程的数据包括物资购买成本、存货支付成本及各种应付款项等，生产流程的数据主要包括库存产品相关的直接人工、直接材料和制造费用等，销售流程的数据包括销售时发生的收入、成本和各种销售费用等。

（二）数据处理和存储流程

数据处理和存储流程是将收集来的反映业务活动的原始凭证通过会计的专门方法进行加工、汇总，编制记账凭证，有了记账凭证后进行分类、计算和传递，将结果保存在账簿中。数据处理和存储的过程就是编制、审核记账凭证，登记账簿的过程，是一个将众多数据分类、汇总的过程。

（三）数据输出流程

数据输出流程就是财务人员向外提供报告的过程。财务人员根据记账凭证和账簿编制财务报表提交给财务信息使用者。由于面向的财务信息使用者不同，财务人员要编制内部报表和外部报表，分别提供给内部财务信息使用者和外部财务信息使用者。财务信息使用者对所获得的财务信息进行分析，并做出决策。

二、传统财务流程的缺陷

传统财务流程是在传统财务理论的基础上产生的，其实质是分类与汇总。它将企业的经济事项根据资产、负债和所有者权益等进行分类与汇总，再以财务报表的形式将分类与汇总的结果传递给财务信息使用者。这种汇总的思想在特定的环境下发挥了巨大的作用，但随着时代的变迁和环境的变化，特别是在现在的“互联网＋”时代，其缺陷开始暴露。按照“互联网＋”时代对财务的要求，传统财务流程存在诸多阻碍财务发展的弊端，主要表现在以下四个方面。

（一）以财务数据为起点，数据源受限

首先，在财务数据采集过程中，财务人员仅关注经济业务的一部分，不能反映经济业务的全貌。在传统财务信息系统建设的初期，因技术本身存在缺陷，信息系统中信息的完整性受到了影响。在目前的财务数据收集流程中，财务数据选取的仅是财务人员关注的部分，以及基于对会计事项的判断。会计事项的判断是传统财务信息系统业务处理的基础，收集整个企业业务活动的所有数据基本上对业务处理没有多大影响。

这种会计事项确认的缺陷使财务信息系统忽略了很多对决策者有用的财务信息。与此同时，传统财务系统仅仅描述了企业经济业务活动的一部分特征，即使对于会计事项，传统财务系统也仅仅描述了其局部的特点，因此与管理者决策有关的大部分重要信息没能完整地采集到财务信息系统当中。造成的后果就是，同一项经济业务相关数据分别进入财务人员和非财务人员的信息系统当中，财务人员得到的数据只有描述业务事项的子集数据，而忽略了大量的对决策者有用的管理信息，这非常不利于管理者做出正确决策。

其次，进入财务流程的主要是结构化数据，大量蕴含丰富价值的非结构化数据被忽略。一个完整的经济事项数据，既包括结构化数据，又包括非结构化数据。要做到完整地反映经济事项，就需要结构化数据和非结构化数据的共同辅助。在企业的日常运作管理中，产生的非结构化

数据急速增多。从价值上看，相对于结构化数据，非结构化数据因未经压缩且结构多样化而蕴含庞大的信息，价值含量也因此变得巨大，这是结构化数据所不能比的。

最后，在财务数据处理过程中，财务人员对财务数据进行进一步加工，最后用于辅助信息使用者决策的只有压缩后十分有限的结构化数据，通过对财务数据的汇总处理，反映经济活动的数据大幅压缩，使经济全貌无法得到展现。财务目标总的来说是满足财务信息使用者的信息需求，而现在的财务信息需求复杂多变进而呈现个性化、碎片化趋势，传统财务对数据的加工已无法迎合这样的需求趋势，有限的数据源使财务信息使用者不能全面地把握经济业务事项，从而无法系统了解企业经营状况等，这种信息不对称对其决策极为不利，也使财务信息质量遭受质疑，更与“互联网＋”时代的潮流相背离。

（二）缺乏对非结构化数据的处理与分析，分析面过窄

非结构化数据是企业的宝贵数据资产，它的特征是数据格式多种多样，数据存储分散不一，数据总量特别大、增长速度特别快，蕴含丰富的提升企业管理业绩的重要信息。首先，目前财务人员过于偏重对经济业务的核算及财务信息的提供，忽略了本身的管理职能，不能充分利用自己所掌握的大量数据为企业内外的信息使用者服务。其次，目前财务人员对财务数据与财务信息的分析尚处于结构化分析阶段，而且分析仅是按照一定的格式进行，分析的单一性使财务数据的价值挖掘只是冰山一角。非结构化数据所蕴含的巨大价值得不到挖掘，只能淹没在数据的海洋中，绝大部分有巨大价值的非结构化数据散落在流程以外而得不到利用，这显然是不明智的。“互联网＋”时代谁拥有的数据多，谁就能够从数据中挖掘出更多价值，谁就能在竞争中处于有利地位。

值得注意的是，“互联网＋”时代的大数据并不仅仅是简单地在现有基础上扩大财务数据的数量和来源，更重要的是从众多数据中找出事项、物品之间的联系，这就是大数据的价值所在。这种联系便是财务人员应该在他所持有的数据中找到的关系，一个小联系能带来大价值，更不要说庞大的数据中所包含的众多联系。所以，忽视“互联网＋”时代

对大数据，特别是非结构化数据的分析，便表示财务人员将价值整合者和挖掘者的地位拱手相让，这终将会导致财务行业在时代潮流中的没落。

（三）信息使用者仅能接触固定的会计信息，接触点单一

在目前的财务工作中，财务人员与信息使用者的唯一交集是财务报告，即两者的接触点只有固定形式和内容的财务信息，财务人员提供财务报告，信息使用者使用财务报告。接触点的设置，仅是从财务人员的角度出发，由财务人员决定接触的内容。在单一的接触点下，信息使用者只能接触财务人员提供的有限的财务信息，也许这部分信息并不是信息使用者感兴趣的；信息使用者不能接触反映经济业务的原始数据，他们丧失了这些最原始的数据中因财务人员加工而减少的价值，也无法判断经济业务的真实性，造成信息不对称，这对信息使用者做出正确决策极为不利。财务人员没有接触信息使用者，仅根据所获取的财务信息做出决策，就会因工作效果不明确而事倍功半，可能浪费了很多人力、物力和时间，也不能满足信息使用者的需求。

（四）财务信息提供过程单向，缺乏互动

在传统财务流程中，财务人员掌控整个流程，信息单向传递，缺乏反馈与互动的过程。传统财务流程是原始数据通过财务人员的加工成为财务信息，并最终影响财务信息使用者的决策行为，财务工作的价值转型过程是从财务人员直接到信息使用者的自左向右的单向过程。必须承认，单向过程有其优点。单向过程中各节点可以通过不断完善流程，为价值链的下一个环节传递价值，直到最终传递到目标顾客。每个流程可以精心优化，以实现在传递过程中缩短周期、降低成本等目标。但在个性化高度发达的今天，节约成本的重要程度已大不如前，“互联网＋”时代更加强调人的个性化需求，“以人为本”成为社会发展的关键词之一。传统财务人员仅按照财务规范的要求以通用的财务报告形式提供财务信息，信息使用者被动接受信息，不能将自己的信息使用感受反馈给财务人员，只能根据这些有限、固定的财务信息做出决策。

“互联网＋”时代，信息使用者被动地使用财务信息，财务人员无

法了解信息使用者对其工作的评价，从而使财务人员和信息使用者缺少互动。整个过程只有财务人员处于主动地位，主导着财务数据价值传递的总流程，并且忽略了数据价值链中其他角色的价值。这种集权形式虽然能够提高工作效率，但工作效果却不够理想。特别是在信息高度发达的今天，信息使用者的信息素质高度提升，如果继续按照目前的状态进行财务工作，他们不断提高的信息需求终将会使财务工作陷入谷底，遭遇前所未有的困境。

由此可以看出，传统财务流程已不能满足时代发展的要求。“互联网＋”时代，数据呈现前所未有的膨胀与多变，财务需求也呈现前所未有的不确定性和个性化。如果不积极对财务流程进行变革，那么财务管理就会被时代所淘汰。积极变革财务流程，改革其中与时代不相适应的部分，才能促进财务管理不断发展。所以，“互联网＋”时代，必须对传统财务流程进行重组，以使其满足时代发展的要求，从而进一步促进财务工作自身的发展。

三、财务管理流程重构原则

（一）以顺应时代潮流为总领

任何一门学科都是在历史的演进中逐渐形成的，财务管理也不例外。财务管理是随着社会外部环境的需要而发展起来的，并随着环境的变革而变革。财务管理的改革与变迁深受其所处的特定环境的影响，所以对财务管理等相关内容的研究就要结合当时外部环境的具体情况，其中，时代特征尤为重要。时代背景发生变化，就会对经济、社会、生活等产生巨大影响，既会带来机遇，也会带来挑战。

财务作为一个在经济、社会中处于重要地位的行业，应该积极从新时代中吸取优势因素，抓住机遇应对时代的挑战，让自身顺应时代的潮流并得以发展。任何一个事物，顺应潮流就会发展，财务同样如此。

作为财务的一个重要组成部分，财务流程的重构更要遵循时代发展的要求。“互联网＋”时代，数据每天都在急速增长，数据结构也变得纷繁复杂，结构化数据、半结构化数据和非结构化数据的概念不断引起人们的关注。作为一个直接与数据打交道的行业，财务在进行流程设计时必须充分将大数据的这种特点，将海量结构化数据、半结构化数据和非结构化数据都纳入财务流程。此外，大数据时代，获取信息对人们来说非常容易，人们便不再满足于现有的财务信息，人们的财务信息需求因数据的激增与多样而变得膨胀与个性化。为了使财务业务更好、更快地发展，作为财务的依托，财务流程的再造与重构必须充分考虑时代特征，以顺应时代潮流为总领。

（二）以以人为本为重点

人作为生产力中灵活性最高的要素，在进行价值创造和转移的过程中起着至关重要的作用。在过去的传统体制中，员工与某一特定岗位挂钩，只考虑员工在这一岗位应承担的职责，相应地，对其工作绩效的考评也就是对其在这一岗位上工作效率的考量。在企业进行业务流程再造的过程中，企业管理层应注意适当减小部门间的有形分割，加强部门间的联系和沟通，使企业的每个部门乃至每个员工在业务流程中都能最大限度地发挥工作潜能和工作积极性。不同的流程之间也要强调合作。具体到财务流程的再造，企业应注重信息提供者和信息使用者在流程中的重要作用，将企业管理层、库存部门、采购部门等内部利益相关者和债权人、股东等外部利益相关者逐渐纳入财务流程，实现财务流程与企业库存管理、采购流程等其他业务流程的合作，最终实现企业目标。现代企业成功的因素中，人的因素所发挥的作用越来越大。在不违背价值规律的前提下，把握好人与人之间的关系、发挥人的主观能动性越来越重要。这样的管理理念要求现代企业再造以人为本的业务流程，建立能够充分发挥个人主观能动性的业务体系。

基于财务业务一体、多种形式数据整合的协同机制，可以使企业内部各部门之间，企业与客户、供应商之间以最便捷的方式和平台进行沟通。传统企业财务流程建设单纯以职能为中心，忽略了人在建设中的作用。随着“互联网+”时代的到来，信息的传播逐渐呈现碎片化。这时，以不同部门人与人之间的关系为主线，充分发挥人的主观能动性和创新精神，重视人在执行业务和挖掘价值过程中的关键作用，将关注的重点放在部门内部和不同部门之间的协同上，可以增加信息分享的速度，提高数据生产力。只有实现从“以职能为本”到“以人为本”的转变，财务才能更好地应对时代中的不确定因素。

（三）以财务业务一体化为基础

财务业务一体化是在信息化环境下将企业业务流程和财务流程进行有机结合并融入管理当中，将“事项驱动”的理念整合到流程设计当中。当财务信息使用者需要信息时，他们会根据自己的权限利用报告工具自动生成需要的信息；当业务事项发生时，业务部门通过将经济业务信息输入信息系统来记录经济业务；当业务信息进入系统后，信息系统中的业务事件处理器根据计算机编码进行信息的处理，并将其存储于数据库中。这样不仅能极大提高财务人员的工作效率，而且有利于财务职能的转变，实现实时监督、控制经济业务，进而向管理职能转变。

财务业务一体化下的财务流程再造充分考虑了信息化时代所赋予财务的机遇与挑战，不仅强调反映经济业务的全貌，更能转变以前财务信息使用者仅能获取财务信息的被动局面，财务信息使用者可以主动取得数据库中的更为全面的信息，开始关注个性化需求。

（四）以群体智慧为思路

群体智慧指的是众多个体通过相互协作与竞争而涌现出的共享。群体智慧是通过平台将众多分散的个人、组织、企业等集合到一起，通过各成员间的互动、交流或集体行为所产生的高于个体所拥有的迅速、灵活、正确理解事物和解决问题的能力。从群体智慧的定义中可以看出它的主旨和要义：大量拥有不同背景、不同知识结构、来自不同地区却不受空间和时间约束的个体，为了共同的目标，集合成相对松散但自愿、开放的群体形式，每个人在群体中协同与互动，集思广益，为组织的价值增值带来多样性的贡献，形成大大超越多个个体简单加总的价值。群体智慧为企业的创新、价值整合带来了一种先进的、全新的管理理念。在传统财务流程中，财务人员与业务人员、信息使用者缺乏沟通交流，限制了财务人员应对大数据的能力。而信息提供者、财务人员、信息使用者分别拥有不同的知识与经验、不同的组织和背景，涵盖与财务信息提供相关的各个方面。如果能将这些与财务直接相关的多领域人员都纳入财务流程中，充分调动群体成员的积极性，发挥共同的创造力，依靠群体的力量集思广益，用各自的经验与知识填补彼此的空白；或者通过成员之间的相互激励、相互启发，产生连锁反应，满足多样化的需求，用人的“多”应对数据的“大”，从而产生众多高质量的创意。充分调动群体智慧的财务团队不仅增加了不同的观点和看法，而且更容易促使个体说出自己的真实想法，凸显多样性，这样便降低了造成损失的可能性，并且消除或者至少削弱了团队决策的某些破坏性特征。所以，在“互联网＋”时代，财务流程再造应以群体智慧为思路，通过人的知识、能力和经验的多样性来应对大数据的挑战。

融入群体智慧，实现多领域人员的共同参与，扩大参与者的视野，使每个人都能更好地了解与把握价值驱动下的信息需求，才能完成“互联网＋”时代财务流程的任务。群体智慧的形成是一个不断整合、不断改进的过程，而不是多个个体的简单加总，更不能一蹴而就。要实现财务流程中以群体智慧为中心的协作，引导群体智慧的形成，首先要吸引与激励更多的信息提供者、信息使用者参与到财务流程中来，全程协同与互动，既将自己的岗位角色融入财务流程中，拓展财务流程，又分享各自的经验、知识，说出自己的需求或者对某一问题提出看法和建议；其次要通过各个成员之间的互动和交流，使他们互相影响、互相学习，丰富彼此的认知，从总体上提升财务信息的质量，增加财务流程中信息传递的价值，最终形成一个最优解决方案；最后要将群体智慧的结果应用到实践中，从而对财务流程进行优化，这是对群体智慧有效性的检验，通过实践对群体智慧的评价来对其进行改进。

（五）以信息技术为支持

信息技术与财务流程再造相互依存，“互联网＋”时代首先是信息时代的一部分，正是物联网、互联网、企业内部网等信息技术的飞速发展及广泛应用促成了“互联网＋”时代的到来，信息技术成为财务流程再造的诱因。反过来，企业进行财务流程再造也离不开信息技术的支持。信息技术在企业中广泛而深入地运用，也能激发管理层不断创新管理理念，对财务流程再造产生巨大影响。充分利用信息技术进行财务流程再造，能够拓展流程再造的思路，提高重构的质量和效率。特别是针对大数据的收集、处理、输出和分析，离开了信息技术的支持，虽然流程再造可以继续进行，但流程再造的广度和深度却会受到严重的限制，难以实现预期的效果。从另一个角度而言，信息技术已经成为企业在竞争中获胜的重要武器，有效利用信息技术改进组织结构及工作模式，成为企业改革的必经之路。所以，财务流程再造离不开信息技术的支持。

虽然财务流程再造强调信息技术的支持，但人的作用更重要。人是财务流程再造的主导者，人的创造性、主动性及参与程度直接决定财务流程再造的成功与否。所以，财务流程再造更加强调人的作用，以人为核心，以信息技术为辅助。

四、全程互动、全员协同的财务流程创新

传统的财务流程包括数据采集流程、数据处理和存储流程及数据输出流程。在“互联网＋”时代，信息的获取已不再是难事，对信息价值的挖掘成为人们关注的重点。以决策支持为目标的现代财务不仅应该反映经济活动和财务状况的信息，更重要的是提供信息中所蕴含的价值。以下将数据分析纳入财务流程，且提到重要的地位，即再造的财务流程包括数据收集与加工、数据输出和数据分析三个流程。

（一）数据收集与加工：财务人员与信息提供者协同收集大数据

信息提供者，既包括企业内部的业务人员，又包括与企业交易有关的第三方。他们是直接参与经济活动的人，他们最了解企业的经营情况，并能获得第一手的业务数据。对于经济业务数据而言，由信息提供者直接提供给会计人员和信息使用者，更能增加信息的完整性、真实性和可信性，保证信息对称。

在收集与加工阶段要扩大数据源，不仅要收集传统财务流程中财务人员关注的信息，还要将其他能够反映经济业务全貌的信息收集到财务流程中来，无论是从企业业务部门还是从第三方传来的数据既应包括结

构化数据，又应包括诸如原始单据、合同、影像等非结构化数据。如此一来不仅扩大了财务数据的来源，而且挖掘了财务数据的深度。

（1）企业内部各部门将完整的交易信息输入财务信息系统的业务端。将财务流程与业务流程有机地整合到一起，保证财务与业务流程的高度集成，这也是目前大部分关于财务流程再造文献的一个主要观点。企业内部的信息提供者，如营销人员、生产人员等，掌握的是最原始、最真实、最完整的数据，而且他们对企业经营最有发言权，能够从业务角度出发改进财务人员的工作。

一方面，相关部门人员在一项经济业务发生时，会录入相关的业务信息。录入的信息既包括有关交易时间、事项、金额等的结构化数据，又包括相关的 Microsoft Word 文件、PowerPoint 文件、电子表格、图形、视频和电子邮件等非结构化数据。在这个机制的运作之下，财务人员的视野不再仅仅局限于财务与会计的范围，而是扩展到相关的业务问题上，他们可以通过了解实时业务信息掌控相应的经济业务活动，如采购业务、销售业务，这样才能将财务的控制职能充分地发挥出来。此外，企业内部人员依然要将纸质的原始凭证提交给财务部门以校验事项及文件的真实性。

另一方面，利用物联网技术实现对业务的自动识别。物联网的数据多为非结构化数据，具有结构多变的特点，它通常收集的是关于时间、位置、环境和行为等的信息。例如，将自动感应式电子标签嵌入原材料中，从原材料采购开始，通过多个感应器对电子标签的自动读取，就可以将原材料在各个环节的实时信息自动反映到数据库系统中。这不仅保证了信息获取的完整和及时，而且可以使数据的真实性得到保障。而对于每项行为，利用物联网都能直接准确计量出其行为价值，财务也能对其进行及时确认，从而使业务行为得到实时反映。

业务端业务人员的直接录入和物联网的自动“说话”使企业经济业务活动的原貌得以全面地进入财务流程，为实现财务决策支持的目标打下了良好的基础。

（2）供应链上下游企业及金融机构将相关交易信息输入财务系统的

业务端。将与企业进行交易的第三方纳入财务流程，提供印证经济业务的信息，能强化业务的真实性，丰富数据来源。参与企业经济活动的人员不仅包括企业的业务人员，还包括与企业的交易有直接关系的组织，在此称为第三方，如企业的供应商企业、客户企业银行等。因为与企业发生了交易，所以第三方也掌握了与此交易相关的数据。来自企业外部的数据更具真实性，它不仅可以丰富财务数据的来源，而且可以对企业业务部门提供的信息进行佐证。通过财务上对供应链企业和金融机构的管理，企业能够实现财务信息的集成和共享。企业内部之间、企业与供应链企业之间、企业与金融机构之间的信息壁垒被突破，财务人员利用与外部组织的信息便利，充分集成信息，收集能够反映经济业务全貌的信息，既能顺应“互联网＋”时代的要求，又能对整个流程进行有效的控制，监督资源的配置。

（3）财务人员按照一定规则将来自业务端的数据进行处理及存储。目前财务人员在财务信息系统中存储和处理的主要是结构化数据，因为非结构化数据尚未得到财务人员的重视，即使是非结构化的原始凭证也被排除在财务信息系统之外，仅仅作为一种业务真实性的凭据。非结构化数据的丧失使得财务决策支持的作用大大削弱。在“互联网＋”时代，财务人员应该重视非结构化数据，实现原始凭证的电子化，并将非结构化信息存储在数据库中。

其一，从非结构化数据中提取索引。

首先，对于业务部门传递来的原始单据，财务人员依然要负起审核的责任，并利用数字化影像技术，如扫描技术，将原始凭证输入财务信息系统中，作为附件与记账凭证一起存储，使非结构化的原始凭证能和结构化的记账凭证一样进入系统中，从而完整、全面地保留原始凭证中的信息。

其次，财务人员将处在分布式文件系统中的非结构化数据进行整合，形成可供访问的索引。多种多样的原始数据分散地存在于财务信息系统中，形成了排列松散、无序的非结构化数据资源。财务人员需要利用分布式文件系统初步整合数据，为处理非结构化数据做好准备。对影像化后的原始凭证以及直接从业务端传来的非结构化数据的整合方法有以下两种。

一是对非结构化数据手动设置标签，即按一定的方式将非结构化数据的关键词或内容提取出来并确定相关信息的属性，或者采用元数据的方式对相关数据进行调用。元数据是对非结构化数据特征和内容进行标记的数据，它可以被组织成结构化数据的格式。实际上，元数据就是描述非结构化数据的数据。以原始单据为例，财务人员通过辅助核算的方式为扫描的原始单据影像手动添加标签，以便进一步检索和使用。这种方法是一种手动处理的过程，优点是可以利用已有的人力资源对非结构化数据设置标签；缺点有二，首先关键词的设定有较强的主观性，很难覆盖所有信息，其次是增加了人员的工作量。

二是引入智能数据处理软件，自动提取非结构化数据的内容。智能数据处理系统能最大限度地保留数据中的内容，将非结构化数据中的意思提取出来，并打上标识。目前正在应用的光学字符识别技术正是这种方法的初级运用，可以在原始单据的扫描数据中自动提取相关信息。这种自动化的意思提取可以大大提高数据内容提取的效率，最大化保留数据中的价值。但因为是新系统的引入，企业需要面对的是智能系统与已有财务信息系统的对接和兼容问题。

其二，根据结构化数据和从非结构化数据中提取的结构化元数据进行账务处理。这一步遵循传统的“原始凭证—记账凭证—账簿—报表”的财务流程进行。这里保留传统账务处理是出于财务信息使用者对汇总数据，即传统财务报表的需要，也就是为满足会计信息使用者的总体要求，将原始数据利用财务语言进行汇总、加工，登记记账凭证和账簿，并提供会计准则与规范所要求的通用形式的财务报告，实现对零散数据的汇总加工。当然，这一步也可以直接通过设置财务报表输出规则进行自动账务处理。

但与传统会计流程不同的是，加工前的原始数据要同汇总后的账簿、财务报表一起存储在财务信息系统中。

其三，将所有原始数据及加工后的数据存储到大数据存储系统中。

由于大数据规模大、结构多样的特点，财务大数据的存储对现有的数据库提出了挑战。实际上，随着大数据进程的深入，应对大数据存储的数据库已应运而生。大数据存储系统可以存储财务人员收集并整理的结构化数据、非结构化数据及非结构化数据的元数据。这些数据以数据表的形式存储于普通关系数据库中，这些数据库存储引擎可以根据需求采用行式或列式的存储。由于继承关系不需要在数据存储层面上表现出来，数据实际可以存储于不同的物理数据库中。

（二）数据输出：财务人员与信息使用者协同实现按需定制

“互联网＋”时代，财务信息使用者不仅需要财务报表，也需要报表背后的数据，更多的数据可以让财务信息使用者看到企业更多的价值。财务信息使用者需要的信息一是经过汇总加工的综合信息，二是这些综合信息背后的明细信息。综合信息的提供可以满足财务信息使用者的共性需求，明细信息的提供可以满足财务信息使用者的个性化需求。经过前一步骤对结构化数据的会计加工与汇总，财务系统提供了综合信息。此外，多种形式的原始数据也被存储在了数据库中，这时财务信息使用者可以进入信息中心，根据自己的需求选择相应数据的输出，以便进一步加工、分析。传统组织结构是通过部门权威和独立性紧密联系在一起的，需要将这种联系转变为互惠和合作，将经济业务数据纳入流程中，增加接触点，由原来的单一接触点模式转变为“三接触点”模式，即经济业务数据、财务数据＋财务信息、知识＋行为模式。财务人员不仅要按典型的信息提供流程向信息使用者提供财务信息，还要及时获取信息使用者的行为结果反馈，以对自己提供的信息形式及内容进行调整，满足信息使用者的需求；信息使用者则不仅可以获得财务信息，还可以获得经济业务数据。财务人员将大量的业务数据进行整理、加工及分析，使之成为便于信息使用者决策的形式，并存储在财务数据库中。

这一步骤的主要做法：对结构化数据（包括加工前和加工后）根据事项驱动的观点进行输出。财务人员仅提供输出规则，信息使用者根据规则提取数据。同时，信息使用者根据自身需要，向财务人员提出建议，增加规则或者改变规则。在将所有结构化数据存储到财务信息数据库后，财务人员可以相应建立一个财务数据提取规则库，在规则库中主要设立不同的重分类汇总规则、财务报告规则、预测规则、决策规则等；财务信息使用者根据自身决策的需要，利用不同的规则提取自己所需要的财务数据和财务信息。因为非结构化数据及其所对应的元数据已经同时存储在数据库中，所以信息使用者只需通过财务信息系统中的搜索引擎输入想查找的关键词，关键词与元数据对应以后，非结构化数据便可返回给信息使用者。

这种做法满足了“互联网＋”时代信息使用者对信息量更大、信息结构更复杂的要求，从而提高了财务系统的开放性。但与此同时，过多的企业内部数据被曝光，随之而来的便是泄密的风险。为了控制泄密风险，财务人员要特别注意识别信息使用者，并对不同层次的信息使用者分配不同的权限。掌握不同权限的人，进入系统中所能接触的数据和信息的内容、广度、深度都是不同的。

（三）数据分析：全员协同以众包挖掘大数据价值

“互联网＋”时代对大数据的分析显得尤为重要，如何从结构复杂、数量庞大的大数据中充分挖掘信息成为提高企业竞争力的一个重要问题。在“互联网＋”时代的财务人员不应只停留在提供会计信息阶段，更应该具备一种全面管理的视角，为信息使用者的分析、决策提供一定的支持。

“互联网＋”时代，随着数据量的增多和结构趋于复杂，不同的人在对财务数据进行分析时会有不同的偏重，而且很难做到全面地分析与挖掘。然而，如果将分析人员从财务人员扩大为全部能够接触企业财务数据的人员，那么即使每个人都有自己的偏重，所有人的分析结果汇总起来的覆盖面也将会更广，其中的大数据价值将会得到更充分的挖掘，这就是众包价值的一种体现。众包是群体智慧的一种表现形式，也是目前最流行的一种形式。

1. 众包的定义

众包指的是企事业单位、机构乃至个人把过去由员工执行的工作任务，以自由自愿的形式外包给非特定的社会大众群体承担的做法。通常情况下，众包这种形式的实现依附于越来越强大的互联网。通俗地讲，众包就是通过互联网将分布在各地具备不同知识、背景和经验的不特定个体联结起来共同解决某个问题的组织方式。

在众包中，企业将本来属于组织内部某个或某些特定员工的任务出包给数量庞大的大众。大众的选择不是特定的，更多的是以自由自愿的形式参加。众包承担着桥梁的作用，将不同的人联系起来。每个人都有自己的想法、认知和才能，自然创造了每个人的独特性，当这种独特性存在于众多个人中时，便形成了多样化，所有人加起来便有了巨大的能力和才华。这种多样化使企业意识到众包的巨大力量，这种力量就是隐藏在众多个人背后的巨大商业潜力。

由于用户越来越多样化的信息需求，对财务数据的价值分析也变得更加碎片化，这对财务工作提出了更大的挑战。在传统的财务分析中，企业仅通过财务人员进行相关分析，而忽视了其他人员的力量和才华。信息使用者创新将成为一种大数据分析的主流趋势，在这种趋势下，因为各自机构文化和思维惯性存在差异，所以内部智力资源和外部智力资源碰撞会产生意想不到的作用，这为在“互联网＋”时代充分挖掘大数据中的价值提供了坚实的理论基础。

2. 利用众包构建数据分析模型工具

为了更好地实现财务管理的价值，财务人员除提供财务信息，还应提供专业的分析工具，通过可视化的互动模型，增加信息使用者的用户体验，让信息使用者能够根据自己的需求对财务信息进行进一步的加工与分析，从而满足个性化的信息需求。

利用群体构建数据分析模型，是众包理论在模型构建上的应用。在群体构建数据分析模型的过程中，众包的主体是与财务流程相关的所有人，包括信息提供者、财务人员、信息使用者等能获取企业相关财务数据并据以进行决策的人。这些人根据自己的需求进行财务分析时往往会需要不同的数据分析模型。前面提到，众包的基本原则就是每个人都拥有对他人有价值的知识和能力，在每个人都拥有有价值的知识和能力的情况下，他们会根据自己的需求构造不同的分析模型来支持自己的决策。

“互联网＋”时代，单一的数据分析模型难以适应大数据价值挖掘的要求，而通过众包，利用群体智慧则可以创造大量有用的分析模型来满足需要。企业在意识到这种众包力量的存在后，为了能够最大化地挖掘自身大数据的价值，可以采取一定的措施，鼓励大众积极根据各自的需求开发用以进行大数据分析的模型，并将模型放在开放的平台上，供模型开发者不断改进，供数据分析者进行数据分析。

3. 利用众包进行数据价值挖掘

有了群体构建的众多满足不同需求的数据分析模型后，便可以进行数据挖掘。单独个人或者团体由于知识、经验和思想的限制，对问题的理解不免会有一定程度的局限性，思考问题的深度和广度也难以增加，而群体可以突破个人思考问题的局限，从而做出全面地分析。所以，对于丰富的大数据进行分析，众包可以充分挖掘大数据中的价值。

在利用众包进行数据价值挖掘的过程中，财务流程中的每个人根据自己的权限从信息系统中获得相应的数据，通过信息平台中提供的决策模型或者自己创新的适合自己需要的决策模型进行数据分析，而每个人的数据分析需求及偏重虽然具有重合性，但更多的是个性化。在对自己所需要的信息进行分析后，分析者会生成自己的财务分析报告及观点，再将其输入企业财务信息平台中。这样一来，不同分析者会生成不同的报告、产生不同的观点与建议，通过信息平台对这些不同观点的整合以及财务人员对不同观点的评价，企业系统中就会有覆盖面广泛、汇集大量有价值观点的数据分析。通过群体的力量，大数据中的价值便可以得到最大限度地挖掘。

（四）财务流程各环节相互影响、共享互动

新型财务流程在实现数据的收集、加工、输出和分析的同时，需要各环节的共享互动及反馈。

在信息平台上，信息使用者通过对决策结果的反馈，将对信息的评价和需求满足情况反映出来，并与其他成员沟通以最大化满足自己的需求；财务人员就信息使用者的反馈与信息使用者和信息提供者沟通、交

流信息提供者是否应该对所提供的业务数据进行改进、信息提供者的需求是否难以实现而寻找一个折中的办法等问题，同时就实现这种开放形式的财务工作中的过程遇到的问题展开讨论，积极听取各方的见解，并根据其中合理的反馈对财务工作进行优化；信息提供者根据财务人员、信息使用者和专家对业务数据的反馈和讨论，可以发现业务优化的方向，同时改进业务数据库中的数据。在流程运作过程中，由于涉及多方面的无法解决的问题，可以引进外部专家，外部专家则根据自己的经验和知识从客观的角度对其他成员进行调节，回答其他成员的专业化问题，对流程的优化和平台的设计提供专业化建议等。

“互联网＋”时代，海量、异构、价值大的数据特征和更加多变、个性化的信息需求特征对财务工作提出了新的要求。为了追求财务管理的长足发展，势必需要变革财务流程。本章分析了传统财务流程的弊端，结合“互联网＋”时代的要求，将非结构化数据的收集、处理、分析纳入财务流程重构的研究中，并通过群体智慧理论强调“人”在“互联网＋”时代财务流程中的作用，提出了构造全程互动、全员协同的财务流程的构想。

第五章　基于人工智能的会计与财务管理探索

第一节　人工智能概述

一、人工智能的概念与目的

人工智能（artificial intelligence，简称 AI）是研究、开发用于模拟、延伸和扩展人的智能的理论、方法、技术及应用系统的一门技术学科。其目的是让机器能够模拟、延伸和扩展人的智能，以实现某些脑力劳动的机械化。

二、人工智能的特征

（一）由人类设计，为人类服务，本质为计算，基础为数据

从根本上说，人工智能系统必须以人为本。人工智能系统是人类设计出的机器，按照人类设定的程序逻辑或软件算法，通过人类发明的芯片等硬件载体来运行或工作。它通过对数据的采集、加工、处理、分析和挖掘，形成有价值的信息流和知识模型，为人类提供延伸人类能力的服务，实现人类期望的一些“智能行为”的模拟。在理想情况下，人工智能系统必须体现服务人类的特点，而不应该伤害人类，特别是不应该有目的性地做出伤害人类的行为。[①]

① 郑树泉，王倩，武智霞，等．工业智能技术与应用［M］．上海：上海科学技术出版社，2019.

（二）能感知环境，能产生反应，能与人交互，能与人互补

人工智能系统应能借助传感器等器件形成对外界环境（包括人类）进行感知的能力，可以像人一样通过听觉、视觉、嗅觉、触觉等接收来自外界的各种信息，对外界输入的信息产生文字、语音、表情、动作（控制执行机构）等必要的反应。借助于按钮、键盘、鼠标、屏幕、手势、体态、表情、虚拟现实等方式，人与机器之间可以产生交互与互动，使机器设备越来越“理解”人类乃至与人类共同协作、优势互补。这样一来，人工智能系统能够帮助人类做不擅长、危险的工作，而人类则去做更需要创造性，洞察力想象力、灵活性、多变性乃至用心领悟或需要情感投入的工作。

（三）有适应特性，有学习能力，有演化迭代，有连接扩展

人工智能系统在理想情况下应具有一定的自适应特性和学习能力，即具有一定的随环境、数据或任务变化而调节参数、更新优化模型的能力；并且，能够在此基础上通过数字化连接扩展，实现机器客体乃至人类主体的演化迭代，使系统具有适应性、稳健性、灵活性、扩展性，以应对不断变化的现实环境。

三、人工智能的基本应用

（一）模式识别

模式识别是最早和最重要的研究领域之一。模式识别的狭义研究目标是通过给微计算机配置各种感应元件，使之能直接接收外界的各种信息。模式识别的广义研究目标是应用电子计算机及外部设备对某些复杂事物进行鉴别和分类。实际上，模式识别是一个不断发展的，它的理论基础和应用范围也在不断发展。迄今为止，在模式识别领域，模拟人脑的计算机实验方法已经成功地应用于手写字符的识别、指纹识别、语音识别等方面。

（二）问题求解

人工智能可应用在问题求解上，先把复杂的问题利用相关的技术进

行分解，然后把分解后的小问题按特定的处理方式进行解决。以下棋程序应用来具体分析，人工智能利用模拟的演算方式、科学的计划等技术支持，罗列出下棋的步骤，推算出所有可能出现的情况或问题，并把这些情况或问题进行分化，从而使下棋环节能在模块化的处理手段下进行。

（三）机器证明

机器证明是人工智能中最早进行研究的课题之一，对人工智能的发展产生过重要的影响和推动作用，并得到了成功的应用。数学证明一直被认为是一项需要智能才能完成的任务。因为证明定理时，不仅需要有根据假设进行演绎的能力，而且需要有某些直觉和技巧。例如，数学家在求证一个定理时，会熟练地运用专业知识，精确判断出哪些定理将会起作用，并把大问题分解为若干小问题，分别独立地进行求解。从这个角度分析，如果计算机能够代替人类进行定理的证明和推导，就可以说计算机具有了某种智能。

机器定理证明很早就受到人工智能研究者的注意，并取得了一些重要成果。1956 年，纽厄尔（Newell）和西蒙（Simon）等人首先取得突破，他们使用自己编写的程序证明了《数学原理》第二章中的 38 条定理，并于 1963 年证明了该章的全部定理，走上了用计算机程序模拟人类思维的道路。机器证明就是让计算机自动证明定理。其实质是证明命题“如果 P 真则 Q 真”的正确性。一般来说，直接证明这样的命题很困难，在机器定理证明中通常采用反证法。

总体来看，机器证明的研究具有普遍意义。一方面，机器证明的研究工作帮助人们更清楚地理解推理过程；另一方面，医疗诊断、信息检索等领域也可以应用定理证明的方法，从而扩大机器证明的应用范围。

（四）自然语言理解

自然语言的处理是人工智能技术应用于实际领域的典型范例，经过多年艰苦努力，这一领域已获得了大量的成果。目前该领域以计算机系统如何以主题和对话情境为基础，注重常识，生成和理解自然语言为主要课题。这是一个极其复杂的编码和解码问题。应用的人工智能应能做到以下三个方面。

（1）理解自然语言，使机器能像人一样能理解别人讲的话或用文字表达的内容。

（2）对自然语言表示的信息进行分析、概括或编辑，产生新的表达形式。

（3）机器翻译，使机器能将一种自然语言表达的内容翻译成另一种自然语言，如将英文翻译为中文。我国在 1957 年就开始了机器翻译研究，有着比较深厚的理论和技术基础，取得了较多的成果。

（五）专家系统

专家系统是目前人工智能中最活跃、最有成效的一个研究领域，它是一种具有特定领域内大量知识与经验的程序系统。近年来，在“专家系统”或“知识工程”的研究中，已出现了成功和有效应用人工智能技术的趋势。人类专家由于具有丰富的知识，优异地解决问题的能力。计算机程序如果能体现和应用这些知识，也应该能解决人类专家所解决的问题，而且能帮助人类专家发现推理过程中出现的差错。这一点已被证实，在矿物勘测、化学分析、规划和医学诊断方面，专家系统已经达到了人类专家的水平。

（六）智能代理

智能代理（intelligent agent，简称 Agent）又称智能体，是人工智能研究的一个新领域。它实际上是一种软件单元，具有高度智能性和自主性，可以根据用户定义的准则，代替用户进行各种复杂的工作，并能推测出用户的意图、自主制定、调整和执行工作计划，人们又把智能代理称为“会思维的软件”。智能代理的理论和技术于 20 世纪 90 年代提出，其内容主要与人工智能有关，还涉及信息检索、计算机网络、数据库、数据挖掘、自然语言处理等领域的理论和技术。

智能代理应用领域广泛，是人工智能领域近年来研究的一个热点，其应用于信息检索领域之后，出现了智能控制、智能系统和智能接口等具体应用。

（1）智能控制是一类无须（或需要尽可能少的）人的干预就能够独立驱动智能机器实现其目标的自动控制。或者说，智能控制是驱动智能机器自主实现其目标的过程，是人工智能与自动控制的结合，代表着当今自动控制的最高水平。

（2）智能系统是指配备有智能化软、硬件的计算机控制系统或计算机信息系统。在我国，智能化的软硬件计算机控制系统指具有问题求解和高层决策能力的一些学习控制系统。

（3）智能接口是新一代计算机系统或知识系统的重要组成部分。理想的智能接口采用的是自然语言理解的用户界面。它是通过引入前面所述的自然语言理解及多媒体技术，并使之与知识库及数据库结合来实现的。

除了以上所介绍的应用领域外，人工智能的应用领域还有数据挖掘和知识发现、智能软件、智能多媒体、智能机器人、智能调度和规划等，限于篇幅原因，不再展开介绍。

四、人工智能的基本技术

人工智能虽然是一门正在发展的新学科，但是其基本技术已经形成，主要包括如下内容。

（一）搜索技术

所谓搜索，就是为了达到某一目标，而连续进行找寻的过程。搜索技术就是对寻找目标进行引导和控制的技术。这是人工智能的最早形成的基本技术之一。

从求解问题角度看，环境给智能系统提供的信息有两种可能。一是完全存在的知识。用现成的方法可以求解，如用消除法来解线性方程组，这不是人工智能研究的范围。二是部分存在或完全不存在的知识。无现成的方法可用，但往往需要边试探边求解，这就需要使用所谓的搜索技术。

（二）知识表示和知识利用的技术

知识的表示和知识的处理难点：知识非常庞大，我们处在“知识爆炸”的时代；知识经常变化，要经常进行知识更新。因此，有人认为人工智能技术就是一种知识表示和知识利用的技术。

（三）抽象和归纳技术

借助于抽象技术可以将处理问题中的重要特征和变式与大量非重要特征和变式区分开来，使对知识的处理变得更有效、更灵活。归纳技术是指机器自动提取概念、抽取知识、寻找规律的技术。通过抽象处理可以使归纳过程更加容易，更加易于分析、综合和比较，更易于寻找规律。

（四）推理技术

基于知识表示的程序主要利用推理在形式上的有效性，较少地依赖于知识的具体内容。因此，通常的程序系统中都采用推理机制与知识相分离的典型体系结构，从模拟人类思维的一般规律出发来使用知识。

（五）联想技术

联想是最基本、最基础的思维活动，它与所有的技术都有联系。因此，联想技术也是人工智能的最基本的技术之一。联想的前提是联想记忆或联想存储。联想存储具有以下六个特点。

（1）可以存储许多相关（激励、响应）模式。

（2）通过自组织过程可以完成多种存储。

（3）以分步、稳健的方式存储信息，但可能会有很多的冗余度。

（4）可以根据接收到的相关激励模式产生并输出适当的响应模式。

（5）即使输入激励模式失真或不完全，仍然可以产生正确的响应模式。

（6）可以在原存储中加入新的存储模式。

第二节　人工智能在财会行业的应用

一、人工智能“入侵”财会行业

20 世纪 80 年代末，美国注册会计师协会（AICPA）就发表了将人工智能引入会计和财务管理领域的指导性特别报告。2016 年 3 月，作为国际会计师事务所之一的德勤宣布与基拉系统（Kira Systems）联手，将人工智能引入会计、税务、审计等工作中。随后毕马威会计师事务所开始利用 Microsoft zure 智能云服务，结合人工智能技术和沃森认知计算技术开展会计、审计工作。同年 5 月，普华永道也推出机器人自动化解决方案。2016 年 7 月，由我国自行研发的“芸豆会计”正式上线试用。芸豆会计是一款云端人工智能会计软件，区别于传统记账模式，更加智能化。其采用 IT 技术研发的智能记账模式，将传统的财务记账流程变得更标准；其利用 OCR 技术及纠错机制完成了财务记账工作从人工到人工智能的转变。[①] 2017 年 5 月，德勤率先正式推出财务机器人。由此可见，人工智能在财务领域的广泛运用已成趋势。

二、财务机器人的会计工作

财务机器人在企业中主要承担的是一些重复性高的会计工作，包括基本会计核算、会计监督等。

（一）高效的会计核算

在日常会计工作中有着大量的会计确认、计量、登记账簿、汇总等重复性会计核算工作，财务机器人可以模拟人在会计核算中处理重复性项目，通过程序让这些重复性的会计核算工作自动循环。例如，一家在全球各地拥有 30 多家子公司以及 50 多家分行的某大型国有银行，运用德勤财务机器人完成日常的会计核算，从录入信息、合并数据、汇总统计，可以在短短 45 分钟内完成当月所有数据的会计核算，并收集各子公司的月度报告，之后将这些数据汇总，最后生成财务报告。由此可见，在全智能化软件技术和电子发票使用的前提下，财务机器人基本可以实现会计凭证、会计账簿，会计报表的自动生成，从而大大提高财务工作效率。

① 高兴. 人工智能时代对财会行业的影响初探 [J]. 今日财富，2018 (23)：142.

（二）客观的会计监督

会计监督是根据国家相关会计法律法规，来监督会计主体的经济活动是否按照有关的法规和计划进行。财务机器人可以根据设置好的程序，针对经济业务引起的资金运动进行程序化的审核，如自动识别发票、审核记账凭证，在此基础上完成制单、记账并审核。从录入数据、数据汇总到报表的编制，财务机器人监控整个过程，避免发生错误。财务机器人还可以根据设置的自动化财务流程对资金运动过程进行监督，如企业的购销业务产生的应收款、应付款等往来账款收付的合理性，存贷收发的合规性等。

会计监督过程公开且透明，没有人工干预，可以有效地避免人为舞弊。对此，财务机器人不仅可以根据既定的业务逻辑监控和管理整个财务过程，防止出现财务错误，还可以及时跟进业务的拓展和变化，做到事前和事中监督。在此过程中，财务机器人每一环节每一步骤都是有记录可追踪且被监控的，任一环节出现差错都是有迹可循的，可以作为审计证据，从而规避了人为操作的风险。

（三）规定程序下的会计预测、决策

财务机器人的智能化体现在以下方面。第一，财务机器人可以根据设置好的程序，监控和管理财务流程，根据既定的业务逻辑自行做出判断，识别财务流程中的优化点。第二，财务机器人能够结合企业的数据，根据设定程序计算各种预测数据，提供具有针对性的财务分析报告，结合大数据预测分析未来及提示风险。第三，财务机器人还可以根据设定程序中的计算模型进行不同决策方案的比较，为企业的决策提供了有力的数据支持。由于财务机器人提供的财务数据无人为干扰的，其客观性、可靠性较高，利于科学地预测、决策。但是，在设定程序下的数据分析只是非偶然因素的定量分析。

总的来说，财务机器人的“入侵”实现了会计电算化向智能化的推进，它不仅承担了大量的会计核算工作，履行了会计的核算及监督职能，在规定程序下它还可以进行定量的会计预测，为经营决策提供数据支持，有效地促进了财会工作的智能化。但是，面对多元化的经济业务

所带来财会事务的复杂性、随机性、偶发性，财务机器人的智能性还是有限的，仍然有很多财会工作是需要财会人员判断来完成的。

第三节　人工智能为企业会计与财务管理带来的挑战及机遇

一、人工智能给企业会计与财务管理带来的重要影响

（一）明显提升财务信息的质量

在未应用人工智能技术之前，会计信息的生成大多借助于人脑判断、手工编制等人工操作，易出现人为故意操纵、人为失误等问题，从而引发较为严重的会计失真问题。人工智能技术的出现和应用，能有效增强会计信息的可靠性，如其在税务和会计两个领域的应用将能最大限度地降低人为作弊和人为因素造成的信息错误情况发生。

（二）促进财务信息呈现不同方式的变化

传统的财务信息和数据的获得、呈现主要是由会计人员主动查询会计账簿获得，并以固定时点出具固定的财务报表方式为主。随着人工智能技术应用于财会行业中，智能软件可以自动生产会计业相关的证、账、表等，并且通过智能财会软件，实现财务信息获取的实时性。另外，人工智能还能促进财务数据自动推荐、变动原因自主分析等功能的实现，从而能够为财务决策者提供有效的财务信息依据。

（三）有效提高财会工作的效率

在以往的会计核算中，财会人员往往需要花费大量的精力和时间完成人工记账这一简单而重复的工作，这不仅会增大财会人员的工作量，也难以促进财会工作的整体效率的提升。而随着智能财会软件全自动生成技术的应用，能有效促进会计核算的工作效率、财会信息生成的及时性得到提高。而且，人工智能的数据处理能力极强，不仅能对财务数据

进行深入地挖掘和处理，还能创建数据库，从而实现数据的跟踪分析。除此之外，其还能够建立多种类型的数据模型，对财会信息进行多重约束条件下的组合分析，从而能够改变原来信息获取难度大、分析数量大的问题，促进财务决策更加理想化和智能化。①

（四）促进财会行业人才需求类型发生转变

人工智能使得会计的功能和职能发生了巨大的改变，同时它也对财会行业人才提出了新的要求。以某公司为例，该公司将财会工作整合为业务财务、战略财务、共享财务和专业财务等四大模块，并将财会人员的常规会计角色转变为驱动业务的“战略引领者”和“决策支持者”。这一举措不仅促进了财会人员从基础、重复和程序化的会计核算工作中解放出来，还促进了该公司的财务转型走在了智能会计时代的前端，使得其财务共享中心的交易处理效率成为我国最高。

二、人工智能浪潮下财会行业的发展趋势分析

（一）未来财会行业的工作方式应是财务业务信息一体化

在财会行业中，市场和行业的发展与竞争日益激烈，由此对智能化技术、企业的管理者以及财会人员提出了更高的要求。要求财会人员不仅要更加专业地做好财会基础工作，还要促进企业管理者能够实现财务决策分析智能化，促进财会人员利用人工智能技术实现财务处理流程自动化，这就需要财会人员不断进行升级和转型，正确地使用财务智能处理软件，并对更多软件信息化内容良好地掌握和确保财会信息的准确性、安全，促进其自身的财务决策能力和风险的识别能力不断提高，进而为企业发展提供有效的战略依据。

（二）未来财会行业管理的核心应是集权化管理

在传统的财会行业管理中，设置了财务总监、会计主管、税务会计、主管会计、会计和出纳等多个会计层级，过多的层级不仅会降低会计信息处理工作的效率，还会影响财会数据的标准化发展。而大规模地

---

① 王立奋. 人工智能浪潮下财会行业的发展趋势［J］. 财会学习，2018（20）：93.

应用人工智能，将能实时跟踪分析财会人员从低业务阶段到高业务阶段等全面的业务流程管理，因此，未来财会行业管理的核心应是集权化管理。

（三）未来财会行业需求的主体将是复合型财会人才

人工智能应用于财会行业中，能有效简化财务工作，因此，在该行业和市场中必然会逐渐淘汰单纯进行简单会计核算的财会工作者。但是，由于我国人工智能在财会行业的发展尚不完善，人工智能尚不能实现真正的思考，企业仍要招录一些能够更好地帮助企业进行经济管理、参与企业经济决策的复合型财会人才。复合型财会人才不仅能熟练将财会理论与实务操作进行联合，而且精通财会相关的多个领域的专业知识，如财务内部控制、税收筹划和预测与决策等，能把握整个企业的资金运营情况，还能对企业相关的财会数据进行提炼和分析，以便促进企业资金运作的优化，为企业后续的战略部署提供有效的依据和前瞻性意见。

三、人工智能背景下会计与财务管理工作面临的挑战

（一）财会人员方面的挑战

人工智能时代的到来改变了企业财务管理模式与财会工作职责，实现了会计核算手段从人工核算到电子核算的转变，提高了会计工作效率与准确率。另外，财会人工智能操作系统可以自动完成会计凭证、账单以及发票等工作，减少财会人员的工作量与工作压力，促使企业压缩财会人员编制，裁撤部分冗余的岗位，这会造成部分财会人员下岗失业。

（二）数据安全方面的挑战

利用人工智能技术可以快速完成财会信息的收集整理与分析运用，提高了财会信息资源的综合利用率，但是也增加了财会信息被泄露或被窃取的可能性。人工智能操作系统本身就存在系统缺陷，极有可能会被黑客等不法分子侵袭，窃取企业财会信息，给企业造成严重的经济损失。

（三）伦理风险方面的挑战

人工智能技术是人类发明的用于服务工作或生活的工具，但当人工智能应用过程中出现错误或触犯法律时，应承担相应责任的主体存在争议。

四、人工智能背景下人员应对挑战的对策

（一）转变职业发展观

财会人员应积极顺应时代社会的发展变迁来调整自身发展方向，而不能违背财会行业以及社会经济发展的客观规律；应主动学习最新的财会方面的知识，强化自身危机意识与创新意识，综合比较分析来明确自身专业知识体系的不足，明确未来的学习方向与学习内容。

（二）加强财会人员转型发展速度

财会人员应辩证分析自身的专业优势与工作劣势，认识到财务会计向管理会计转型发展的必然性，主动加入财务会计向管理会计转型发展队伍中。同时，企业应建立财务共享中心，整合财务、人力、信息资源、风险管控部门，打造统一的平台，从财务的角度为业务部门提供支持。通过财务共享平台，提高企业运作效率，有效整合企业资源。此外，企业应利用管理会计及时了解企业的财务现状与运营发展趋势，加强沟通环节，拓宽沟通渠道，推动业务活动的顺利进行，识别与规避风险，进行风险监控，从而降低企业经营风险。

（三）适应科技发展，重新调整工作目标与定位

财会人员应转变其工作理念，认识到现代化财务办公设备与会计软件对自身工作效率的重要性，主动学习现代化财会系统与软件的使用技巧，主动使用各种财会软件来开展财会工作。财会人员应积极参加企业或部门组织的财会人员培训活动，经常与其他企业的财会人员交流工作心得，学习彼此的工作经验，从而实现自身职业技能的持续提升。财会人员应学习财务相关法律法规以及行业规范，严格约束自身工作行为，主动学习职业道德观相关内容，促使自身形成科学正确的职业道德观，

以提高自身工作规范性与合法性。财会人员应从核算中走出来，抓住审计过程中人工智能所不能代替的部分，如人工智能语义情感分析与生成报告能力有限，无法与企业管理人员或客户进行无缝对接，甚至出现答非所问的情况。

（四）适应国际化发展节奏

随着改革开放政策的实施以及经济全球化趋势的较强，越来越多的企业走出国门，与其他国家经济文化交流活动也更加频繁，加快了财会行业国际化发展速度。这促使财会人员要主动了解国际市场形势，学习跨国合作、融资等知识与技能，提升英语等国际语言表达能力，积极提升自身能力，为其顺利完成企业财务任务奠定基础。①

对此，财会人员可以利用互联网信息技术来浏览其他国际或地区会计行业相关政策规定，主动收集与企业经营范围相关的数据信息，提高对国际经济形势的分析与预判能力，扩大自身对企业发展的贡献值。另外，财会人员还应主动学习互联网信息技术、市场营销等专业的知识，锻炼自身组织策划能力，从而提高自身综合素质。

第四节　人工智能背景下企业财务风险分析与防范思考

人工智能的兴起和应用对社会产生了极大的影响，尤其对于提高财会人员的工作效率，改变财会人员结构产生诸多影响。随着企业不断地发展壮大，企业日常经营过程中面临着诸多财务风险。特别是在大数据背景下，企业的财会数据量庞大，运用传统的财务风险管理方法很难搜查出有效的信息，不利于企业的风险防范。因此，需要借助人工智能中的数据挖掘、网络爬虫、深度学习等技术，防范企业的财务风险，进一

① 李莹，陈冲．人工智能给财务工作带来的挑战与机遇［J］．中国外资，2020（23）：88－89．

步提高企业把控财务风险的能力。

一、常见的企业财务风险

（一）筹资风险

筹资风险是企业因融资活动而产生不利影响的可能性。随着企业规模的壮大，当企业资金不足以支撑其发展时，企业就需要进行外部融资。外部筹资方式主要有发行债券、发行股票、银行贷款等，筹资方式不同其风险也不同。由于信息不对称，企业确定筹资方式时需要搜集大量信息，综合考虑筹资成本、筹资风险等。在传统财会工作中，这些信息的搜集与分析主要依靠人工，效率低且大量消耗人力、物力，增加了企业成本。

（二）投资风险

投资活动是企业日常经营的重要组成部分，具体包含对内投资和对外投资。对内投资一般是引入技术设备，扩大产能规模，进而提高竞争力；对外投资则是指利用多余的资金购买股票或债券等行为，其目的是获得较高的投资收益，或是从长远的角度出发，满足战略要求，扩大规模。投资风险是在投资活动中投资回报率达不到预期的可能性。由于投资的不确定性，投资方向不明确，主营业务前景不明朗，极易导致投资失败。

（三）运营风险

运营风险是企业在日常经营中存在的风险，如流动性风险、资产管理风险等。运营风险主要有以下几种。一是应收账款回款慢，坏账风险大。企业在日常运营中为了扩大销售、抢占市场份额，通常采用赊销方式，导致流动资产中的应收账款占比较大，资金占用成本增大，坏账损失风险加大。二是存货周转慢，占用资金成本大。由于对市场没有很好的预测，加大了生产，需求却不足，占用大量的资金，导致资金成本大。三是经营现金流差，影响债务偿还。

（四）内部控制风险

在大数据时代，企业内部控制涵盖范围更广，面临诸多挑战。一是企业在传输数据时可能出现问题，带来数据遗失或泄露的风险；二是人为篡改、销毁数据，导致数据失真的风险；三是企业财会人员不能有效应用先进的管理技术不能实现财务与业务的良好对接，导致内控风险的发生。

二、用于财务风险防范的人工智能技术

（一）数据挖掘及分析

数据分析技术包含可视化分析、数据挖掘算法、预算分析能力、语义引擎和数据质量与管理五个方面。可视化分析可以确保获得的数据更加容易理解；数据挖掘算法主要是通过各种算法深度挖掘数据内容，获取需求信息，挖掘出有价值的信息；预算分析能力是对未来发展进行判断并预测；语义引擎是根据数据非结构特征，收集新算法；记录历史信息，提升数据质量。

（二）自然语言处理

自然语言处理技术可以通过过程自动化技术实现半自动化的生产，根据数据自身特点，主动进行判断和计算。自然语言处理的过程是指计算机内部嵌入人类定义的算法，当用户以自然语言形式输入数据时，计算机运用这些算法对数据进行加工、计算等操作，最终达到期望值。总的来说，自然语言处理是以计算机实现与人自然交互为最终目标，以理解人类语言为基础保障。

（三）网络爬虫

网络爬虫也称网络机器人，它运用计算机语言编写程序或脚本，以此爬取互联网上的信息。互联网网页根据存在方式分类，分为表层页面和深层页面。表层页面信息容易获得，也容易被理解，一般是能直视并

感觉到的信息；而深层页面信息需要借助网络爬虫技术，扫描所有打开的页面，爬取出每个页面上深层的信息。

（四）深度学习

深度学习是基于人工神经网络的机器学习，逐步从原始输入数据中提取更高级别的特征，如当前的人脸识别技术。深度学习强调模型结构的深度，突出了特征学习，更能刻画数据的内在信息。

三、基于人工智能的财务风险防范

企业财务风险的分析与管控需要借助大量的财务数据，而在大数据背景下，财务数据具有量大、多样且复杂的特点，这就给从这些数据中筛选与财务风险相关信息的活动带来了困难。应用传统的财务分析方法已经不能满足企业对财会信息的需求，因此，需要通过人工智能技术提高企业对涉及财务风险管控的数据进行分析、判别，提高工作效率，完成财务管理信息化，准备判断及预测财务风险。具体而言，利用人工智能防范控制企业财务风险的措施包括以下几种。

（一）利用人工智能，降低筹资风险和投资风险

企业进行投资活动和筹资活动时，为了降低决策不当导致的投资风险和筹资风险的发生，需要利用人工智能提供大量实时有效的信息，具体措施如下：

首先，充分利用智能化数据分析。智能化数据分析的结果可理解性高、可视化强。利用这一结果，信息使用者能较快读懂数据，进而对自身风险进行定位，做出正确的投融资决策。例如，信息使用者在运用智能化数据分析出高风险资产后，可以将其抵押给银行或其他金融机构，从而完成风险的转移。

其次，充分利用数据挖掘技术。在投资活动和筹资活动中运用数据挖掘技术挖掘出核心数据，然后对这些数据进行智能化计算，从而对数据内容进行深层次分析。例如，信息使用者通过数据挖掘技术可以深层

次挖掘市场潜力，精准定位，实现资源最大化配置。

再次，充分利用预算分析技术。预算分析技术可以对投融资费用做出精准化的预算，使得做出的投资决策和筹资决策具有可靠性。

最后，充分利用网络爬虫技术。运用网络爬虫技术可以从互联网上爬取所需的信息，运用人工智能技术可以时刻更新数据库信息，以此确保投融资决策所需的信息是实时的。因此，利用人工智能可以帮助企业做出更有价值的投资决策和筹资决策。

（二）利用人工智能，降低运营风险和内部控制风险

基于人工智能对运营风险的防范措施主要包括以下几方面。

首先，利用互联网技术构建智能化财务管理平台，推进企业财务信息化，具体表现为远程报账、报账信息实时化。而相关人员签字通过网络平台数字化实现，支付业务通过银行存款等结算，尽可能不使用现金支付。

其次，运用智能通信技术自动将上述实时化报账信息传递至相关业务处理人处理。一方面，可以减少业务处理时间，另一方面，可以提高业务处理的透明度，利于追踪到相关责任人，利于责任认定。

再次，利用智能化信息技术搭建财务共享中心，实现业财融合，降低运营风险。财务共享中心的构建可以由浅及深，先实现云采购、费用报销等常规的活动，然后融入薪酬、经费等管理活动，随后再融入工程项目、经营预算等管理活动，层层递进，利于接受与改进。

最后，利用人工智能技术加快财务队伍建设。利用网络平台对财会人员进行网络培训，可以使其掌握必要的人工智能技术，为企业财务风险的识别与防范提供人才保障。

（三）利用人工智能，推进企业内部控制建设和完善

首先，内部控制环境方面。利用智能预算约束机制，可以对日常经营活动中的高风险点进行控制，实时控制企业财务风险，优化控制环境；将人工智能与企业生产过程相融合，通过机器学习和人机交互等先

进技术，可以优化企业内部控制和生产流程，大幅度提升企业生产效率。

其次，将智能识别技术应用于企业内部控制活动方面。例如，应用人脸识别技术确保不相同岗位分离，应用指纹识别技术进行授权审批，应用虹膜识别技术进行财产保护等。

最后，建立数据防护机制。数据在流动中可能产生三类的风险：数据被人为泄露的风险、数据治理体系的风险、数据使用合规的风险。对此，企业要制定出自己的数据策略，以多维度的信息，构建各种风控模型，通过一系列的数据保护与合规手段，结合风险控制的动态策略，降低业务数据流动的干扰的风险。同时，企业应利用数据备份技术对数据进行多元化备份，防止数据丢失。这样一来，当遇到病毒入侵或黑客攻击时，建立的数据防御机制可以通过人工智能技术自动转移并销毁财会数据，进而防止财会数据泄露。

第六章　管理会计信息化服务平台的构建与规划

第一节　网络环境下会计信息服务平台的构建

一、网络会计信息系统概述

（一）网络会计信息系统的基本内涵

1. 网络会计信息系统的含义

网络环境下的会计信息系统，通过联机实时操作，主动获取和提供相关会计信息，实现多元化报告，并能准确、及时地为会计信息使用者的管理与决策活动提供其所需的会计信息。

网络会计信息系统主要由计算机硬件、软件、网络、操作人员、会计数据以及相关的运行规则组成。

2. 网络会计信息系统的特点

（1）输入方式

各部门业务经办人员分散采集输入。所有与经济业务相关的部门都是会计数据和信息的采集输入部门。各个业务的经办人员都是会计数据和信息的采集输入人员。这些采集输入的原始数据将由财会人员审核确认。

（2）处理方式

异地、实时和动态处理，交易或事件中发生的数据和信息的采集输入与交易或事件的发生、发展过程保持同步，从而使储存加工处理和报告的信息保持一个真实的事件序列，可以做到异地、实时和动态地加工处理，随时真实地揭示企业资金流和物资流的实际运动过程。

（3）储存和使用方式

会计数据和信息的高度集成和共享。网络会计信息系统将企业各个部门的分散系统通过计算机网络集成为一个有机的整体，完全消除了“信息孤岛”。

（4）无纸化的系统

企业内部的数据和信息的传递、企业之间的交易或事项的数据和信息的传递，都通过网络来完成。所有纸质的单、证、账、表将逐渐取消，网络会计信息系统将是一个无纸化的系统。

（5）输出方式

共同信息和个性化信息并重、网络互动交流，充分满足不同信息使用者的不同目的，预先设置不同的报表。以财富分配为目标，以传统方式披露企业过去已经完成的交易事项的信息；以决策有用为目标，为投资者及潜在的投资者提供强调面向企业未来的现金流量和潜在的盈利能力的信息；以不同信息使用者（如投资者、债权人、信贷员）预定的不同目的为目标，预先制定加工方法，随时输出相应的个性化的数据和信息。

以网络互动交流方式，为有关方面增加或恢复被忽视或损失的信息。可以进行网上查询、设立留言板、设立网络热线，发挥网络特有的优势，进行各种便利的互动交流。

3. 网络会计信息系统实施的必要性

我国国有企业的深化创新发展正在逐步有序地推进。与此同时，许多优秀的民营企业也逐渐发展起来，随之而来的是资产重组、跨行业兼并等大规模的企业扩张行为，涌现出了许多大型企业集团，市场竞争形势愈发严峻，要想在竞争中赢得先机，就必须加强资金的管理。会计集中核算制则是实现资金集中管理的新型手段，已经为多数企业集团所采用，而网络会计信息系统是企业集团实现会计集中核算的有效手段。

（1）网络会计信息系统是实现跨地域统一核算的有效手段

随着许多企业的发展壮大，多数企业集团都在异地设立了子公司、分公司等分支机构。因此，实现跨地域的统一核算是企业集团会计核算的起码要求。很多分支机构拥有独立的会计核算系统，只根据总部要求定时上报数据或报表，其真实性和及时性都会受到影响。一个具有竞争力的企业集团，其整体战略和发展要求都要求进行集中、统一的会计核算。因此，实施网络会计信息系统是实现企业价值最大化的财务管理要求。

（2）网络会计信息系统能及时准确地提供财务信息

通过网络会计信息系统的实施，可实现会计信息的自动灵活输入，集团各单位成员可及时实现自动会计核算，在提升会计人员工作效率的同时，也提高了会计信息质量，实现了跨部门、跨地域的统一核算，使相应管理人员和会计人员能及时、准确地获取其需要的会计信息。

（3）网络会计信息系统有利于实现财务管理与业务决策的一体化

通过网络会计信息系统，集团总部可及时了解各单位的生产经营状况，及时进行资源调配，优化集团内部的资源配置水平，形成高度集中的资金管理系统，实现集团资金的统一调控，加强管理水平，降低经营成本。将整个集团的资金结算、生产经营及投资等方面进行统一管理，使集团决策层及时准确地掌握生产经营过程的相关信息并做出正确的决策。

（二）网络会计信息系统的目标定位及其体系构建

1. 网络会计信息系统的目标定位

作为大型企业和企业集团，其管理模式是集中管理与分散经营相结合，在协调总部与分部之间利益关系的同时，又要确保集团整体利益最大化，集团总部能及时掌握所有下属企业之间的资金运作情况，管理者能随时获取其所需要的会计信息，不同层次的财务人员能够通过系统方便地录入数据。总而言之，集团企业网络会计信息系统的应用，必须能够满足不同使用者的需求，即兼顾集团的总体需求以及单个企业的个性需求。

另外，网络会计信息系统的最终目标是构建一个开放的会计信息系统，其功能不仅仅用于记账算账，它更是企业管理信息系统的一部分，与企业的相关决策支持系统有数据接口，其数据能够为企业带来更多的管理效益。

综上所述，网络会计信息系统的定位是：以先进的网络和计算机技术为基础，构建一个高度集成、应用开放的会计信息系统。

其总体目标是：以企业财务集中管理为前提，以广域网技术为基础，以会计核算为核心，以决策支持为导向，构建一个财务业务协同、数据集中、功能集成、应用实时、全方位、多角度的网络会计信息平台。

其具体目标是：围绕企业发展的战略目标，实行整体规划，分步实施。一是从会计主体上，统筹规划、整体构思，在企业财务框架的前提下，构筑一个数据高度集成的、一体化的财务管理体系；二是从管理方式上，实行纵向的财务管理，实现财务业务协同，并且随着系统应用的推广，将企业的财务管理思想渗透到各个部门。

2. 网络会计信息系统的体系构建

(1) 网络会计信息系统体系构建遵循的原则

①安全性原则。安全性原则是所有信息系统建设过程中都必须遵守的首要原则。而对于一个企业来说，会计信息系统在其运行过程中产生的信息和数据资源，是企业最核心的战略信息，必须予以高度重视。在信息技术飞速发展的今天，任何一个安全性隐患都会给企业的信息系统造成不可估量的损失，并可能使企业的生产经营及管理工作陷入瘫痪。

因此，在网络会计信息系统建设初期，必须将安全性原则作为重中之重，通过多种技术手段的应用，最大限度地规避信息系统运行过程中能够预见的风险，确保信息系统和数据的安全。

②协调性原则。实现企业经营目标和利益最大化是企业实施网络会计信息系统最主要的目的。因此，网络会计信息系统的构建必须以发展

战略为指导原则，做到与企业的发展目标相一致。这就要求系统的构建过程中通过充分利用信息技术和网络的优势来改造业务，结合企业的实际情况，对企业的业务流程进行重新规划，根据得出的最优流程，结合企业的业务特点对会计信息系统进行设计开发，因“企”制宜，这样建设出的网络会计信息系统才能最大限度地发挥其管理效用，为企业管理服务。

③满足用户需求原则。一个信息系统优劣与否的衡量标准不是投入资金的多少、采用多少技术手段，而是看它能否满足用户需求。企业内部用户和企业外部用户的信息需求是不同的，信息系统必须为所有用户提供不同层次和类型的信息。信息系统是为用户提供服务的，应该成为企业领导者管理企业的帮手，必须是实用的、具有服务性的。因此，在网络会计信息系统的构建过程中，必须立足于满足用户需求的角度，充分考虑企业各业务层次的不同需要，把满足用户需求作为系统设计开发的主要原则，保证最终建设出来的信息系统是企业切实需要的。

④系统性原则。网络会计信息系统是由多个子系统或模块构成的，如总账模块、现金模块、应收账款模块、应付账款模块和报表模块等，每个子系统有各自的功能目标，然而其业务流程又相互关联。因此，对网络会计信息系统的构建应该站在全局的高度进行整体的考虑，最终使每个子系统既能实现其各自的需求，又能服从整个信息系统的共同目标；对会计信息系统的功能需求进行全局规划和合理的设计，建立整合优化的企业资源模型，并以此为基础，对信息系统的结构、建设步骤、实施原则、工作重点、功能框架等方面进行统筹安排，使最终投入使用的会计信息系统既能满足企业的管理要求，又能满足各功能模块的具体应用需求，保证目标的一致性，同时为信息系统目标及各个子系统目标的实现服务。

⑤开放性原则。每个成功的信息系统都必须符合开放性原则，网络会计信息系统亦应如此。开放性原则，可以从以下两方面去理解：一方面，在系统功能的设计上，应当具有灵活的可扩展性，随着系统后期应

用的深化，还可能衍生出其他功能需求，现有的系统必须能够实现后续的开发扩展，即使新功能的开发人员并非最初的系统设计者，他们也能轻松地读懂程序源代码，在原有程序上进行开发设计，满足企业新的功能需求；另一方面，在系统操作界面的设计上，必须实现人机友好交互，即会计信息系统的各个功能模块都具有一个统一的标准应用界面，各功能模块的使用方法也大致相同，只要用户掌握了其中一个功能模块的操作方法，便能轻松地驾驭整个系统。另外，不管用户当前的操作界面是哪个功能模块，都能从该页面直接跳转至系统其他任意的一个功能模块。

（2）网络会计信息系统的体系构成

①网络经营的环境。计算机和网络的发展，为会计提供了最大限度的、全方位的信息支持，使会计信息处理有了质的飞跃。Intranet 和 Internet 的一系列新技术，使企业管理信息系统以网络方式进行重新组合，使集团企业可以进行在线集中式管理，提高管理水平，提高经济效益。对网络时代的经营管理和环境的变化有各种描述：电子商务将成为网络时代的经营方式和企业的生存方式；企业进入电子商务领域，就成为全球网络供应链中的一个结点，企业经营和管理信息都以电子方式运行，企业的管理对象和管理流程都可以数字化，管理成为可计算的活动；新的基于网络的企业系统即网上企业和虚拟企业的出现；实时动态处理、在线管理和远程处理将成为普遍的现实，缩小了业务处理的距离；用户的信息来源渠道日益增多，信息的时效性、效用、容量和内涵都在发生变化；企业的各项活动真正网络化、系统化和一体化，实现了内容与形式的根本改变。

②网络会计信息系统的基本架构。网络会计信息系统是由硬件（计算机和网络的所有物理设备）、软件（系统软件和应用软件）、人员和各种规章制度构成的。

网络会计信息系统采用真正意义上的网络系统结构，在内部与企业的经营管理及各种业务活动紧密连接，融入企业的管理信息系统；对外则与各种对外业务的处理和特定目的相联系，通过与多种系统的链接融入整个社会网络系统。

内部会计系统是一个完全网络化的计算机信息系统。会计系统作为整个经营管理网络系统的一个重要子系统，与各种基本业务的处理紧密地结合在一起，从各个业务点的计算机上直接进行基本数据的输入，通过网络系统按照设定路径以实时方式输入和传递数据，构成一个以联机实时处理为基本特征的网络化信息系统。通过网络进行各种会计业务的处理，利用网络系统的处理优势，加强会计控制的力度，扩展会计信息的范围与内涵。

在内部计算机网络中设置会计（财务）信息处理控制中心，以信息集成的方式进行信息处理，以设定“会计频道”的方式对外发布信息，通过与业务处理和管理控制系统的密切结合，实现对基本业务的实时财务会计控制，形成以业务为中心的责任考评体系和便利的内部信息交流。会计系统中央处理单元将是整个会计系统的核心，其主要职责是满足内外各种信息需求的信息集成的设计、管理及信息发布，其内容包括内外基本会计数据的收集、会计数据的分类处理、会计分析、预测、信息发布管理和反馈控制等。

对外链接是会计信息系统结构体系的一个重要方面，可办理许多对外交往事务、相关信息的收集以及大量的经济业务，如进行网上投资、网上购物、网上销售、网上结算、网上办税、网上信息发布、网上信息交流等。

③网络会计信息系统的输入。可以充分利用电子化服务技术，自动查找、跟踪各网站上的会计信息资源，及时获得本单位需要的信息，充分利用社会性的资源。利用自动采集、网络通信、情报检索、远程查询、数据交换等方法，可以收集到企业内、外部的大量数据。要收集的会计数据的形式是多样的：既有有形数据（如销售额、库存状况、费用开支等），又有无形数据（如企业的商誉、商品的品牌认知度、市场对商品的需求等）；既有以货币表示的数据（如商品销售额、原材料采购

额、工资、费用开支等)，又有以非货币形式表示的数据（如产品库存量、销售量、竞争对手情况等)。随着多媒体技术的应用，除了传统的数字、文字数据外，还有相应的图形、图像数据。大量不同数据结构、不同类型的数据处于同一个系统之中。在进行数据格式的预先塑造中，必须从系统的观点出发，从全局考虑数据的组织，细致考虑各数据之间的关系和相互之间的数量与逻辑联系，确定原始会计数据和派生的会计数据，以及各种会计数据和信息的存储量和处理频度，才能有效地完成会计数据的输入格式的预先塑造。

此外，会计信息的获得不仅是数据和信息的单向流动过程，还包括信息的反馈，即将系统所获得的会计信息用于管理，进行预测和决策后，将其结果随时投入会计信息系统中进行再加工、再处理。在现代社会经济活动过程中，每个会计主体都会不断发出、传递或取得各种会计数据和信息，形成向上、向下和平行输入、输出的会计信息流，因此必须根据需要进行广泛收集。会计数据具有文字、数字、符号、语言和图像等多种形式，以单、证、账、表等形式进行传递。借助会计报表，使各级主管部门和有关方面正确无误地接收提供的管理数据。这些数据原是分散的、繁杂的，但经过会计处理，精练浓缩为综合的、系统的数据形式，更加清楚地反映出经济活动情况。根据预先设定的权限，这些数据在一定的时空条件、程度、范围内可以充分共享和再加工，不为一个人或一个单位所专用。

网络会计信息系统按照确认计量的范围和内容、规定的时间，选用合适的收集方法进行数据收集。

④网络会计信息系统的储存。会计数据的输入载体是计算机的存储器，这就必须有数据格式对应的数据库技术的支持。尽管传统的关系数据库技术已经成熟，但新的数据库技术仍在不断发展。新的数据库系统有面向对象的数据库系统、多媒体数据库系统、模糊数据库系统等。这些新的数据库系统不但可以处理传统的数据类型，还可以处理图形、图像等数据类型。

在经济业务发生时，以网络实时数据采集方式，由业务经办人员把对应的原始会计数据输入临时数据库，经会计人员审核确认后，由计算机程序自动进行格式转换处理，存入数据库。会计人员通过网络进行实时控制管理，用实时更新的数据库提供原始会计数据。

⑤网络会计信息系统的加工处理。网络会计信息系统的加工处理体系以网络形式存在，是一个完全按照计算机网络系统的特点重新构建的体系。

在网络会计信息系统中，可以进行实时动态处理，计算机之间通过网络实现部门与部门，部门与上、下级之间的实时通信，会计各子系统之间进行自动转账处理，上级主管部门通过网络方便快速地获取所需信息，既可以降低信息传播的时间，又可以减少出错率。以前财务部门的信息实时反馈能力不强，计划的执行情况、投资的获利情况，一般要到本月会计业务结束之后才能从账面上反映出来。随着市场经济的发展，企业的生产经营活动具有很大的不确定性，现行的定期财务报告制度，满足不了外部会计信息使用者和企业内部管理者对及时性的要求。网络会计信息系统使会计核算从事后的静态核算变为事中的动态核算，实现了实时跟踪的功能，动态地跟踪企业的每一项业务活动。企业内部管理者可以随时获取本企业的各种会计信息，进行分析，及时做出正确的预测和决策。企业外部的信息使用者可以通过上网访问企业的主页，随时掌握企业的财务信息，从而减少其决策风险。

二、网络会计信息系统的风险与控制

（一）网络会计信息系统的风险分析

1. 网络会计信息系统风险的分类

基于互联网的会计信息系统是一种内联网结构的系统。企业内联网是指企业应用互联网的技术和标准，如 TCP/IP 通信协议、WWW 技术规范等建立的企业内部信息管理和交换平台。企业内联网通过互联网，为企业内各部门之间，企业与客户、供应商之间，企业与银行、税务、审计等部门之间建立开放、公开、实时的双向多媒体信息交流环境创造了条件，也使企业会计与业务一体化处理和实时监控成为现实。当然，由于互联网/内联网系统的分布式、开放性等特点，与原有集中封闭的会计信息系统比较，系统在安全上的问题更加突出。网络会计信息系统的风险根据其原因和对会计信息产生的影响可做以下分类：

（1）根据风险形成的原因分类

①系统物理风险。任何计算机系统都存在着由于操作失误，硬件、软件、网络本身出现故障导致系统数据丢失甚至系统瘫痪的风险。同时在互联网/内联网结构的会计信息系统中，由于其分布式、开放性、远程实时处理的特点，系统的一致性、可控性降低，一旦出现故障，影响面更广，数据的一致性更难保障，系统恢复处理的成本更高。系统物理风险包括：第一，计算机网络会计系统硬件选配不合适，致使网络功能发挥受阻；第二，网络工作环境、电源等不合要求直接影响网络的可靠性；第三，网络设备安装不规范，导致网络运行不稳定；第四，网络设计不规范，缺少风险防范措施；第五，网络操作系统及会计软件的安装、维护不善；第六，网络管理制度不健全；第七，对计算机病毒的侵蚀不重视，缺少必要的防范措施。

②内部人员道德风险。内部人员道德风险主要是指企业内部人员对会计数据的非法访问、篡改、泄密和破坏等方面的风险。网络安全的最大风险仍然来自组织内部。据统计，大部分的非法闯入者来自内部雇员。因此，内部控制仍然是基于互联网会计信息系统控制的基础。由于互联网/内联网结构本身的特殊性，其内部控制远远超出了以往计算机系统的范畴，已从会计机构内部扩展到对整个企业内部人员的控制。

③电子数据交换风险。电子数据交换风险是指企业与交易伙伴之间通过互联网进行数据交换的过程中，交易伙伴非法侵入企业内联网，以剽窃财务数据和知识产权、破坏系统、搅乱某项特定交易或事项等所产生的风险。这些交易伙伴包括客户、供应商、合作伙伴、软件供应商或开发商，也包括银行、保险、税务、审计等社会部门。企业与这些伙伴

存在着特殊的业务和数据交换关系，过去这些企业各自的计算机系统在物理上基本是隔离的，也有部分企业与交易对方之间采用专用增值网实现电子数据交换任务。在互联网条件下，为适应竞争发展需要，企业与交易伙伴须建立统一的外联网。企业外联网是指用企业内联网的技术和标准，把外部特定的交易地点和合作企业连接起来构造的合作网络，实际上是一个虚拟企业应用平台。在外联网内，企业之间的数据查询、数据交换、服务技术可通过互联网实现（松散型关系），也可通过虚拟专用网实现（紧密型关系）。因此，无论是从业务联系，还是从网络联系上看，我们都可把外联网范围内的企业看成一种特殊的内部关系。特殊的内部关系也使相互间道德风险的发生成为可能，尤其是像软件供应商或开发商这样的相关者，由于其对企业内联网的控制结构一清二楚，在接受网上技术支持和维护的同时，实际上也向对方敞开了系统控制的大门。

④网络安全风险。任何一个有效地管理信息系统的应用都必须借助于网络，因此，计算机病毒在系统的应用过程中便很难完全避免。如果仅仅是系统用户的个人计算机感染病毒，只会使该用户的计算机无法正常使用，其危害还比较小；一旦会计信息系统的服务器感染了病毒，轻则会影响会计信息系统的正常使用，严重的还会造成会计信息系统的数据丢失，导致整个系统的崩溃，其危害的严重性不言而喻。在网络会计信息系统的应用中，许多企业都没有建立成熟的安全管理机制，而会计信息系统承载着企业核心的财务数据，一旦被截取或恶意篡改，企业所遭受的损失是不可估量的。除了安装杀毒软件外，在企业与网络供应商提供的线路出口处安装硬件防火墙是控制网络安全风险必不可少的手段。通过在防火墙上配置严密的访问策略，既能够拦截广域网中对企业局域网的恶意攻击，还能够很好地限制局域网内用户对 Internet 的访问，保证企业局域网的安全稳定运行。

⑤舞弊风险。在网络会计信息系统中，通过签字盖章确认会计信息的传统手段已不再使用，取而代之的是以电子数据的形式进行传输和存

储。无论是客观的错误操作，还是人为进行的恶意篡改，都会严重影响会计信息的真实性和完整性。舞弊风险可以通过先进的访问控制技术和完善的日志记录功能来避免。

（2）根据对会计信息的影响分类

①会计信息保密性风险。从技术上说，任何传输线路都可能被“窃听”。对会计信息的窃听不但可以窃听信息的内容，还可以在不了解信息内容的情况下窃听信息的流量和流向、通信的频度和长度，由此推定有用的信息。对会计信息的截取还包括合法用户采用不正当的手段读取本人权限之外的信息。对会计信息保密性的破坏属于被动型的破坏，不改变会计信息的内容、形式与流向。

②会计信息完整性风险。对于计算机网络会计系统来说，会计信息完整性的破坏是系统的主要风险。对会计信息完整性的破坏有人为和非人为的因素。非人为因素表现在通信传输中的干扰、系统硬件或软件的差错等。人为因素又包括有意和无意两种。有意者如非法对计算机网络会计系统的侵入、合法用户越权对网络内会计数据的处理以及隐藏程序对会计数据的破坏等。对会计信息完整性的破坏属于主动型破坏，可以篡改会计信息的内容、形式与流向。

2. 网络会计信息系统的安全问题分析

（1）网络会计信息系统的安全隐患

会计信息系统的安全是指系统保持正常稳定运行状态的能力。由于网络共享性和开放性的特征，网络系统的安全很容易受到威胁。网络系统在会计信息系统中的应用，使得网络会计信息系统的安全隐患更加突出。会计信息系统的安全性受人为或非人为因素的影响而降低，从而导致系统的信息失真，系统硬件、软件等无法正常运行，严重情况下会导致企业资产、资金的严重损失。会计信息系统的安全隐患主要包括两个方面，即系统实体安全、信息和数据安全。

系统实体安全主要包括计算机硬件设备、线路、财务软件、系统程序等实体物质的安全。系统实体遭遇的安全威胁包括人为破坏以及非人为破坏两种。人为破坏者可能出于某些目的毁坏会计信息系统的硬件系统设施，也可能通过散播病毒程序或邮件轰炸等方式致使相关软件设施损毁，而实体物质的损坏必然会导致相关会计数据的丢失、毁损，导致会计信息失真。非人为破坏，如不可抗力的出现，尽管概率非常低，但若其发生，则会对网络会计信息系统的实体部件造成不可估量的损失，如火灾等。

信息和数据安全主要是指存储或传输中会计数据的安全。存储于各介质中的会计数据可能遭遇的安全威胁主要来自非授权人员对会计数据的非法获取、修改或删除；传输中的会计数据所遭遇的主要威胁是网络黑客的恶意侵入并对会计数据做出非法篡改、删除以及窃取，网络黑客主要通过网络对会计信息系统进行攻击，以达到其非法目的。

(2) 网络会计信息系统的安全对策

网络环境下，企业会计信息系统主要的安全目标就是维护财务数据的完整性、可用性。因此，网络信息系统安全策略也应以维护数据的安全、完整、可用为目标，并结合不同类型企业自身的特点制定其会计信息系统的安全策略。安全策略为保证信息系统的安全性提供了一个总体框架，同时也提出了管理系统安全性的方法，并规定了各部门要遵守的规范及应负的责任，为企业网络会计信息系统的安全提供了依据。对于安全策略，具体可以从技术体系和管理体系两个角度出发。其中，技术体系主要为整个会计系统的物理安全和信息安全提供技术保障，防范物理安全即防范计算机相关设备的物理安全威胁，使其免于损坏、丢失等；防范信息安全即维护系统中会计信息的安全、完整。管理体系主要包括从国家的法律法规、企业的规章制度以及企业内部相关培训三方面为企业网络会计信息系统的安全提供一些制度保障。

(二) 网络会计信息系统的内部控制

1. 网络环境下系统安全控制难度的加大

网上交易是一种整合的经济模式，交易与服务活动的完成一般以Internet、Extranet和Intranet三种网络为基础。由于硬件配置不合理、软件功能欠完善、系统操作失误、内部人员的非法访问和来自外部的恶意攻击等因素，网络组织的各个层面都面临着严重的安全威胁。复杂的网络结构使得系统安全问题日益突出，安全控制的难度进一步加大。

网络数据处理的集中性使得传统的组织控制功能减弱，网络的应用减少了人工输入环节，数据访问和数据交换都通过应用服务器进行。网络计算机集成化处理促使传统手工会计的制单、复核、记账等不相容岗位相互牵制制度的效力逐步削弱，传统的组织控制功能弱化。

网络环境的开放性使得会计信息失真的风险加大。数据和信息来源的多样性有可能导致审计线索紊乱；大量信息通过网络通信线路传输，有可能遭受非法的拦截、窃取和篡改；信息以电子数据的形式存储，易被修改、删除、隐匿、转移和伪造且不留痕迹。网络系统的开放性和动态性加大了审计取证的难度，增加了会计信息失真的风险。

2. 网络会计信息系统的主要内部控制

由于企业规模的不同，网络会计信息系统的应用模式也不同。一般可分为三类：第一类是独立内联网结构的应用系统；第二类是异地内联网结构的应用系统（适用于有异地分支机构的集团型企业）；第三类是外联网结构的应用系统（适用于联盟型虚拟企业）。无论是哪一类型的系统结构，其系统组成的基础都是企业的内联网（包括分支机构的内联网）。因此，网络会计信息系统的内部控制，主要是内联网系统的控制。

（1）日常操作系统管理控制

制定上机操作规程。主要包括软硬件操作规程、作业运行规程和用机时间记录规程等。

加强系统人员的操作管理。人作为系统主体是网络发展的基本动力和信息安全的最终防线，人员操作管理的重点是权限控制。系统管理员被赋予超级用户管理权限，主要负责系统硬、软件的管理维护和网络资源分配，操作人员应按照被授予的权限严格作业，不得越权接触系统。系统程序员不得进行业务操作，以避免人为因素或操作不当给操作系统带来不必要的损失和风险。建立计算机资源访问授权和身份认证制度，即明确每个用户的安全级别和身份标识，并分别定义具体的访问对象。

建立安全稽核机制。对系统操作的事件类型、用户身份、操作时间、系统参数和状态以及系统敏感资源进行实时监控和记录，进行必要的权限设置，以便对各种不同的权限进行用户识别和远程请求识别。

设置安全检测预警系统，即实时寻找具有网络攻击特征和违反网络安全策略的数据流，实时响应和报警，阻断非法的网络连接，对事件涉及的主机实施进一步跟踪，创造一种漏洞检测与实时监控相结合的可持续改进的安全模式。

（2）会计数据资源控制

数据库系统是整个系统控制的主要安全目标。对数据库系统安全的威胁主要来自两个方面：一是系统内外人员对数据库的非法访问；二是由于系统故障、误操作或人为破坏造成数据库的物理损坏。针对上述风险，会计数据资源控制主要可采取以下措施：

①合理定义应用子模式。子模式是指全部数据资源中面向某一特定用户或应用项目的一个数据子集。在网络环境下，为了限制合法用户或非法访问者轻易获取全部会计数据资源，应根据不同的应用项目（功能）分别定义面向用户操作的数据界面，做到需要什么数据、用到什么数据就开放什么数据。

②会计数据资源授权表制度。明确定义每一用户对数据资源访问的范围和内容，并分别规定对数据库的查阅、修改、删除、插入等操作权限。

③数据备份和恢复制度。网络环境下的数据备份和恢复远比成批集中式处理环境下要复杂，为保证系统恢复的有效性和一致性，建立业务日志文件（记录系统处理过程的文件）和检查点文件（作业内容信息能被记录下来，并可重新启动该作业的一个点）是必要的。

（3）系统开发控制

系统开发控制是为保证网络会计系统开发过程中各项活动的合法性和有效性而设计的控制措施，它应贯穿于系统规划、系统分析、系统设计、系统实施和系统运行测试与维护的各个阶段。

明确开发目标，制订项目管理计划，进行项目的可行性研究与分析；控制开发进度，监督开发质量，检查各功能模块设置的合理性及程序设计的可靠性，提高系统的可审性。

利用网络在线测试的功能，检验整个系统的完整性，并应对非法数据的容错能力、系统抗干扰能力和发生突发事件的应变能力以及系统遭到破坏后的恢复能力进行重点测试；做好人员和设备等资源的整合配置以及初始数据的安全导入，保证新旧系统的转换有序进行。

一旦发现网络系统各类软件可能存在安全漏洞，应立即进行在线修补与升级，并将所有与软件修改有关的记录报告及时存储归档。

（4）系统维护控制

系统维护包括软件修改、代码结构修改等，涉及系统功能结构的调整、扩充和完善，其过程类似于系统开发。因此，系统开发控制的方法同样适合于系统维护。此外，还应建立维护审批制度、维护方法、维护内容测试、维护文档编制的规范化制度、维护用机器、测试数据与营运机器、实际数据的分隔制度、源程序保管控制制度等。

三、网络环境下会计信息服务平台的拓展

（一）自助式会计系统的概述

1. 自助式会计系统的含义

自助式会计系统是让每个用户按照自己的需要，运用现代信息技术的强大功能，自由选择各种会计电算化模块，就像进入超市一样，用户企业不必配备计算机和系统软件，不必购买或开发财会应用软件，只需要在接入网络后到拥有自助式会计系统的网站去自由地选择各种财会模板，如工资核算、现金管理、销售预测等，按照各自不同的需求设计组装成本单位的会计信息系统，从而满足用户多元化的需求。

具体而言，可以从以下三个方面对于自助式会计系统的含义进行更为深入地理解：

（1）自助式会计系统是一个新名词

当人们只使用某一种财务会计软件时，根本无法想象一家企业有两

个不同数字的利润，更不知道应当以哪个数字的利润来进行分配更好。随着经济的发展，许多跨国企业使用不同的会计标准，从而产生不同数字的利润；许多新上市的股份公司提供前三年业绩的模拟财务报表，这些利润数字并非只是用于财富分配，而是用于评估企业未来的营利能力。这就需要我们提供多元化的会计信息系统软件。就像进入超市一样，用户可以自由地选择不同的会计模板（如工资核算、现金管理、销售预测等），来满足各自不同的需求。同时提供两种不同历史成本计量属性的信息多元模式，便不会出现由于同一历史成本计量属性，信息难以满足可靠性和相关性双重要求的情况。用户企业通过使用自助式会计系统，不仅可以为企业所有理性决策提供有力支撑，而且可以明确不同利益关系人在企业中所拥有的利益大小。

（2）自助式会计系统的新作用

自助式会计系统是一个开发式系统，是一个基于标准的、灵活性的、模块化的、网络化的信息系统。这种信息系统的新作用是由新的企业环境以及对信息系统有效性的要求所决定的。企业方面的压力和信息系统的新作用给信息系统组织的变化造成了相当大的压力。信息技术正在成为企业智能中一个举足轻重的部分。用户所需要的是带有综合工具的桌面处理体系，一种既能在企业中联结使用又能外联的系统。这种作用也为自助式会计系统规定了它的适用范围。自助式会计系统首次使财务会计人员从信息系统的使用者变为信息系统的创造者，让财务会计人员可以在广阔无边的网络天空中自由地翱翔。

（3）自助式会计系统是财会领域互联网应用的云服务平台

自助式会计系统的每一个用户都是在互联网上的，他们可以自由选择网络服务平台中的任意子系统（模块）进行云服务，即通过互联网上的强大云服务功能，自由选择各种子系统（模块）进行会计信息收集、账务数据处理、财务数据分析等操作，从而达到满足各类用户多元化会计管理要求的目的。会计信息云服务技术的实质性应用为企业获取大量的、多角度的、多层次的会计信息提供了可能。过去在传统方式下会计人员想都不敢想的东西，今天在云处理方式下变得唾手可得。要发挥云服务平台的这种优势，就必须对会计信息及其生产会计信息的全过程进行创新。

自助式会计系统采用组件化结构，整个系统由3个层次组成，即会计数据处理、会计信息管理、会计决策支持。组件化结构采用面向对象的设计思想，可重用性强，可以根据需要调用组件，数据只需一次导入就可共享，数据标准化使接口问题自然解决。自助式会计系统将成为以客户为中心、开放式的、以网络为基础的当代企业财会管理平台。自助式会计系统软件并不是从底层开始开发，而是在系列产品中挑选适用模块进行集成组装，对许多组件还要进行修改或二次开发，使其提供的功能可以充分满足企业的需要，这样也可以节省开发时间和成本。自助式会计系统将以其先进性和对环境的适应能力成为网络会计信息系统发展的一个趋势。

2. 自助式会计系统的适用范围和组件化开发

因特网的发展使得浏览器/服务器（B/S）这种因特网架构成为目前应用程序的主流结构，只有通过因特网，企业才能及时、准确地了解客户需求和市场的变化。采用因特网架构是理想之选，这种架构可以降低实施成本，也有利于向会计信息化管理数字化过渡。

专业咨询服务在我国是新鲜事，但对推广自助式会计系统来说是不可缺少的，所以要加强会计师事务所和代理记账公司中的人员培训，扶持财会软件行业的发展，以确保财务软件在企业的使用。自助式会计系统是企业适应激烈竞争的有力武器。中小企业在市场经济的竞争中，必须选用符合自身特点的集成化、低成本、高效率的财务软件，而自助式会计系统软件就是这样的软件。它可以在网络环境下做到在线办公、分散办公、移动办公、远程传输和查询及在线学习，完全符合网络财务工作方式，使得会计工作变得原始数据收集分散化，信息处理与管理集中化，财会信息查询动态化、实时化，数据输入、处理、输出无纸化。

（二）自助式会计信息系统的应用与开发

1. 自助式会计信息系统的应用

（1）建立具有自选应用软件服务的财会专业网站

财会软件自助超市网站提供的服务有免费浏览和注册会员两种，注册企业只需缴纳会费就可使用网站上的所有会计模板，获得进入自助式会计系统的用户名和密码，并可占用一定的数据存储空间。

建立一个软件自助超市网站在技术上并不困难，需要投入的资金和设备不是很多，但是要与各方面取得联系，完成一系列的组织协调工作，是有一定难度的。通过各种合法的途径和手续把众多的电算化会计软件、模块、模板收集整理及归类，发布到网站，还有日常的运行、更新、维护管理，其工作量是很大的。应该在专业学术组织和相关机构的指导下，选择一个相对独立的网络公司来负责网站的运营。

之所以把这个专业软件超市网站设计称为“自助式”会计软件超市，是因为再好的套装软件也不可能满足所有单位的所有业务需要，而现在各单位计算机和财会专业人员的水平正在不断提高。有的用户自己有能力选购不同公司的各种模块、模板，装配一个最适合本单位的会计电算化专用系统软件，就像自己组装一台 PC 机那样自己选购各种零部件，自己安装调试完成全部工作；有的用户虽然已经用习惯了某个套装软件，但是对其中某个模块感到不满意，希望更换；还有的用户在进行二次开发过程中希望借鉴或者购买某些模块，也就是说，市场上不仅需要集成的会计软件的“套件”，也需要各种散装的“模块”“模板”，由用户组装成自己满意的会计软件“套件”。当然，在用户遇到困难时，还可以在该专业软件超市网站的“采购辅助向导”和“特邀专家咨询”网页上进行咨询和获得各种帮助。

（2）自助式会计信息系统最新实现手段

自助式会计信息系统（ASP）就是让每一个用户按照自己的个人需要，通过现代信息技术的强大功能，自由选择各种模块进行会计信息的收集、处理、分析等，从而达到满足用户对会计信息系统多元化的要求。ASP 自首次在我国提出之后，国内一些知名的软件企业不断探索，将开发

ASP模式的会计信息系统作为追求的目标，并取得了长足的发展。

随着互联网技术的进步，基于Internet的自助式会计信息系统的实现形式从原有的ASP模式逐步向SaaS模式演变，二者的区别主要在于技术实现层面，对自助式会计信息系统的业务层面没有太大影响。与ASP模式类似，SaaS在线会计管理平台通过Internet提供软件，用户不用再购买软件，而改用向提供商租用基于Web的软件来管理企业的经营活动，且无须对软件进行维护，服务提供商会全面管理和维护软件。对于中小企业来说，消除了企业购买、构建和维护基础设施和应用程序的烦琐，无疑更便捷。

2. 自助式会计信息系统的开发策略

(1) 第一种策略选择

①会计系统各层次的需求。按会计数据处理系统、会计信息管理系统和会计决策支持系统的需求加以修改，这些需求可能反映了对自助式会计系统的需求。在一个专业财会信息技术网站中，对自助式会计系统功能的需求，主要是采取在现行系统基础上不断提高的形式。

②管理人员对特殊研究或报告的需求。管理人员对研究和报告的数据需求日益增长。这类数据有相同的结构和属性。如果需求量大、专业性和技术性强，可成立外部咨询团；如果是数量分析，则应该建立运营或管理的研究团体；如果需要传统财务分析，则需要成立财务分析团体。

③对外部数据的需求。对外部数据的需求包括竞争对手的行为，行业财务，以及市场、区域和地区经济与财务数据等。如果数据是以“机器可读”形式存在，要借助于计算机人员；如果要求收集特殊数据，则要借助于咨询人员或智囊团。

(2) 第二种策略选择

开发方式选择支持以上需求的新技术正在形成，许多自助式会计系统组件正在开发。例如，提供存取外部数据和分析程序库的约定；支持财务报告的财务计划语言；由于数据处理系统的交互式功能，高级财务人员能直接存取内部计算机数据；用计算机系统查询语言和报告生成器、查询和编制内部计算机数据的报告等。

以上任何一种都能成为一个自助式会计系统的组件。每一个模块如果能被适当地管理和集成的话，就可以构成通用的自助式会计系统组件。然而这些模块通常是在不同时间内应付不同的需求产生的，要达到集成，有两种开发方法选择策略：①针对需求，继续开发这些模块的功能；②组织、集成这些模块，推动它们的使用来开发通用的自助式会计系统组件。

（3）第三种策略选择

在一个专业财务会计信息技术网站中，自助式会计系统的开发有以下各种方法策略：

①快速命中法。如果在某个领域有高效益的财会需求，根据现实的需要，应尽快使用适当的工具，直接开发自助式会计系统模块，获取效益后再考虑下一步。从短期看，快速命中法具有最低的风险和最高的潜在收益，所需要的工具和技术能自行开发或从专业网站的软硬件市场上买到，并可直接用来解决问题。由于没有借助于前一个自助式会计系统组件，因而在开发下一个组件时能够使用当时最新技术。它的优点是收益较大，风险较小，接受新技术容易。它的缺点也很明显，即不能保证开发上一个自助式会计系统组件时所使用的工具，在开发下一个组件时也能直接使用。与使用一套集成工具来开发的自助式会计系统相比，快速命中法缺少灵活性，需要更大的维护工作量，因此使用周期短，修改工作量大，总体费用较高。这种方法策略只在要求快而急的环境中较实用。

②分段式开发法。构建一个自助式会计系统模块，事先要有周密的计划，使开发第一个系统组件的成效，可以再用于第二个自助式会计系统组件。通过对几个成功的自助式会计系统组件的开发，产生自助式会计系统生成器。这样，第一阶段开发的成果在第二阶段可以使用。这种方法使得成果的使用期延长，减少了修改，减少了总费用，但它增加了最初投资，延迟了最初成果的使用时间。分段式开发法的优点是通过对已完成自助式会计系统组件的应用，减少风险和提供早期效益，同时又

能达到经验积累的目的。它还可将以后开发的自助式会计系统组件在适当的时候加以集成。它的缺点是需要高额的开发费用，而且第一个集成的自助式会计系统不能很快和用户见面，这样对时效性较强的工作是不利的。

③全面积极开发法。构建任何自助式会计系统组件之前，开发全部功能的自助式会计系统生成器和管理业务的管理机构，把完整的自助式会计系统生成器作为主要项目。此生成器具有最好的基础工具、最佳的集成和工艺。相对于其他方法，这种方法功能最强，但在获得效益前，需要较长的开发时间，风险可能较大，因为技术可能老化，还可能遇到各种各样的开发障碍。因此，目前专业财会信息技术网站很少采用此种方法。

（4）第四种策略选择

在开发各种互联网上的自助式会计系统组件时，有多种途径可供选择。

①自行开发。通过互联网上对自助式会计系统的理论介绍以及开发方法的选用，广大会计人员可用先进的工具和手段，发挥主动性和创造性，去完成自助式会计系统组件的开发，并用标准数据接口将所开发的组件集成起来，满足管理决策对信息的广泛需求。

②委托网站开发。由用户向网站提出申请，由网站组织开发，组件制作完成后上传到网上，然后通知用户进行下载，并通过网站的教育培训模块教会其使用。

③直接从网站上选购。网站根据用户需要，提供有关各种商品化自助式会计系统组件的介绍，详细介绍它们的系统功能、操作方法以及价目表。用户可在软件超市中免费浏览各种自助式会计系统组件，自行与选中的软件公司接洽，通过网站向软件公司购买。

④几种方法相结合。从零开始进行开发的成本相当高，因此直接应用市场上提供的已开发好的自助式会计系统组件也是可取的。但由于专业网站提供的组件不能完全满足每一个单位的实际需要，因而选择自行开发、委托网站开发以及直接从网站上选购等相结合的办法，是一种可

选的开发途径。

第二节　智能时代财务信息化整体规划

一、智能时代财务信息化概念架构

智能时代的到来，带来了诸多新技术，而这些新技术在财务领域的应用场景也会日趋丰富。当技术和财务有机地融合在一起的时候，就会发生一些美妙的化学变化。智能时代财务信息化架构业应运而生。

（一）软件架构的概念

对于财务来说，软件架构是要明白一个系统中有哪些构成部分，这些构成部分是怎样相互发生作用的。那么所谓的智能时代的财务信息化架构，就是要明白，和传统财务信息化架构相比，多了哪些构成部分，以及各部件之间相互作用的方式发生了怎样的变化。“有什么功能”可以称之为功能架构，功能加上交互关系后形成的架构可以称之为逻辑架构。而在实际的软件架构设计中，还有多个视角的架构理解，如开发架构、运行架构、物理架构、数据架构等。

（二）财务智能化功能架构蓝图解析

1. 功能架构中的数据层

首先要说的是智能财务信息化架构下的数据层。和传统财务信息化架构相比，最重要的是数据的内涵发生了变化。在传统架构下，处理的主要是结构化数据；而在引入大数据技术后，结构化数据已经无法满足财务信息系统对数据的需求，非结构化数据被引入，并且成为非常重要的构成部分。

因此，在功能架构的数据层中，系统对结构化数据和非结构化数据同时提供相应的管理功能，从数据的采集管理、对接管理、存储管理等方面进行相应的功能支持。

2. 功能架构中的智能引擎层

智能引擎层是架构中的另一个重要层次。之所以叫作智能引擎层，是希望在搭建智能时代财务信息系统架构时，能够对关键的支持技术进行组件化，并以引擎的形式来支持不同业务场景的应用。引擎层是一个公用的技术平台，在不同的应用场景中，能够灵活地调用相关引擎来实现配套的业务应用，从而实现整个财务信息化架构底层技术工具的共享。在智能时代的财务信息化架构中，可抽象出的引擎主要包括以下六个方面：

（1）图像智能识别引擎

图像智能识别引擎广泛用于图片信息的识别，一方面，能够支持对结构化数据的采集；另一方面，也能够支持对非结构化数据的信息提取。同时图像智能识别引擎可以利用机器学习来提升自身的识别能力，从而扩大可应用的价值和场景。

（2）规则引擎

规则引擎作为初级人工智能应用，会在整个财务信息化中发挥重要的作用。通过灵活、可配置的规则定义，支持在财务流程中基于规则进行大量的判断、审核、分类等应用。规则引擎的完善，一方面，依赖于经验分析后的完善；另一方面，也将基于机器学习引擎来辅助规则完善。

（3）流程引擎

流程引擎无论在哪个时代都十分重要，好的流程引擎能够全面提升财务信息系统的水平。而在智能时代，流程引擎的驱动仍然是规则引擎，而规则引擎又基于机器学习得以完善优化，并最终带来流程引擎能力的提升。

（4）大数据计算引擎

大数据计算引擎是相对独立的，基于大数据的技术架构，能够处理海量的包括结构化数据和非结构化数据的计算。大数据计算引擎的实现，能够使得财务在大数据方面的应用场景得到真正的技术支持，而不是传统计算模式下的伪大数据。

（5）机器学习引擎

机器学习引擎应当能够实现监督学习和非监督学习，通过大量的不同业务场景的数据学习训练，形成相应的优化规则，并依托规则引擎作用于各种业务场景中。从这个意义上来讲，机器学习引擎有些像规则引擎的后台引擎。

（6）分布式账簿引擎

对于区块链的应用，需要在底层搭建各类分布式账簿，而我们可以考虑通过引擎化的方式，将这种分布式账簿的搭建变得更为标准和可配置。当然，这需要区块链技术实现进一步的抽象——从技术概念走向业务简易应用的概念。有了分布式账簿引擎，基于区块链的应用可以得到进一步的加速。

3. 功能架构中的业务应用层

业务应用层是最重要的一个层次。在业务应用层中，从财务业务模块和技术两个角度实现了场景功能的匹配，从而形成了相对清晰的智能时代财务信息化应用的功能场景蓝图。可以成为有意致力于智能时代技术深度应用的企业的思维导图，并据此展开规划和实践。

（1）共享运营

对于共享运营来说，在智能化方面的应用场景是相对较多的，这也是由其作业运营的特点所决定的。信息技术的进步，本身对运营效率的提升就是最直接的。

（2）资金/司库管理

在资金管理中与共享流程密切相关的部分已经被归入共享运营中体现，而针对资金管理和司库管理来说，主要的应用在于提升基于大数据对资金和司库管理的分析、决策能力。此外，物联网技术对于账户UKey、用印安全管理也将发挥重要作用。

（3）会计报告

会计报告对新技术的应用主要集中在区块链对关联交易以及业财一致性的支持上。同时，类似于智能编辑，这样的场景可以应用于会计报告的智能化。而在这个领域，也会引发对未来套装软件是否能够支持智能化应用的思考。

（4）税务管理

税务管理在税务风险控制方面可以应用人工智能技术来进行支持，

在税负分析、税费预测等领域也可以考虑引入大数据，充分利用企业内外部数据来提升分析质量。此外，税务管理中所涉及的不少应用场景也会前置到其他业务或财务系统中。

（5）成本费用管理

成本费用管理在费用分析方面可以考虑与大数据相结合，而在移动互联网方面，可以进行服务及商品采购的前置和线上管理，从而获得更好的管控效果。

（6）预算管理

预算管理的技术应用主要集中在大数据方面，通过大数据，加强对预算预测和资源配置的管理能力的提升。

（7）管理会计

管理会计本身在技术层面的起步就比较晚，因此它的实现仍然基于传统技术方式。但在管理会计报告的编制中，可以考虑采用智能编辑模式，盈利分析可以考虑引入广义数据，增强分析的实用性。

（8）经营分析

在经营分析这个领域，大数据能够有较大的应用空间。通过数据范围的扩大、相关性分析的引入，经营分析能力能够得到提升。

智能时代财务信息化的功能架构是基于场景构建的。这里所谈到的是一个概念性的设想，未来需要更多的企业付诸实践，对这个概念架构进行持续的补充和完善。

二、智能时代财务与科技的信息化协同

智能时代财务信息化的架构发生了很大的改变。在数据层面，从结构化数据到非结构化数据；在技术层面，大数据技术、机器学习、分布式账簿等新技术引擎将被广泛地应用到财务信息化中。

在应用场景中，一方面，传统的财务信息化应用场景会被优化，形成更为高效或有用的升级场景；另一方面，基于新技术的新应用场景也将大量涌现。在这样的背景下，财务部门内部、科技部门内部、财务部门和科技部门之间的协同变得更加复杂，也尤为重要。不得不正视的

是，在智能时代伊始，很多财务部门和科技部门都没有做好这样的准备，面对快速来临的技术创新，往往措手不及。因此，在这里我们有必要一起来认真地研究一下智能时代可能给传统的财务、科技协同关系带来怎样的挑战，以及构建怎样的新机制来积极面对挑战。

（一）来自协同问题的挑战

1. 财务内部信息化协同面临的挑战

在智能时代财务信息化建设中，财务部门自身就面临着巨大的协同挑战。下面我们从三个方面来探讨财务内部的协同挑战：

（1）信息化建设在财务部门之间的分散

很多企业的财务信息化建设并没有实现统一集中的管理。在通常情况下，财务信息化建设是各个不同的职能部门从自身的业务需求出发进行的，比如负责会计报告的部门建设了核算系统，负责预算的部门建设了预算编制系统，负责资金管理的部门建设了资金管理系统等。在这样的背景下，系统建设完成后，相关系统的后续运维和优化也保留在了相应的业务部门。从需求和系统建设的关联角度来看，这样的管理模式未必是坏事情，但是当不同部门管理的财务系统要实现整合、集成甚至内部平台化的时候，就会出现问题。部门间系统管理的割裂，成为系统间有效集成的障碍。而在智能时代，对数据和流程的集成提出了更高的要求，信息化建设在财务部门间的分散将成为掣肘。

（2）智能化认知程度在不同部门之间的差异

智能时代信息技术的广泛应用，需建立在财务的各个领域对智能技术达成共识，并且基于这种共识共同推动智能技术的基础建设上，在此基础上进一步架构不同业务应用场景。而如果财务的各个业务部门之间未达成同等层次的共识，则会造成不同部门在技术路径选择、资源投入等方面产生分歧。当然，分歧的产生并不是一定会阻碍财务向智能化道路的迈进，但必然在这个进程中带来更多的争议和损耗，并最终造成这一进程的放缓。

2. 科技部门内部信息化协同面临的挑战

科技部门内部同样存在着信息化协同的问题。如果说财务的问题在于需求割裂和认知层次差异，那么科技所面临的是另一类协同问题。

（1）基于独立而非产品平台的后遗症

受到财务部门需求的影响，科技部门在建设系统时，往往也是根据财务的划分，建立了一个个不同的、独立的系统，在进行集成的时候，不同的系统之间进行数据的交互打通。在这种模式下，科技部门内部往往会为每个系统配备相对独立的项目团队。而假如财务部门本身缺乏统筹，科技部门内部也容易放任各财务系统的项目团队各自发展，并最终造成二者关系割裂。在这种情况下，就会产生后遗症。由于每个系统都是各自打地基的，地基之间无法打通，这造成各个系统的风格不同，系统管理方式不同，并导致用户体验差，且系统维护困难。而更严重的是，科技部门各个项目团队之间缺乏技术交流，一项新技术在某一系统应用后，其他系统团队毫不知情，更不要说技术共享了，这与智能时代高频技术创新的需求格格不入。

（2）新技术团队与传统财务科技团队的割裂

不少公司对智能化技术的研发往往并不是从财务开始的，更多的技术是为了满足业务场景研发出现的。一些企业在进行了大量业务场景的实践后，做了技术提炼，并构建了智能技术的各类实验室，如大数据实验室、区块链实验室、人工智能实验室等。而这些实验室在形成通用的技术基础后，又进一步反哺业务场景。在这个循环中，很遗憾的是，作为服务于后台业务的财务科技团队往往成为局外人。科技部门内部前后台团队的割裂，以及新技术实验室和传统实现团队之间的割裂，都可能让财务无法分享到最新的技术成果。

3. 财务部门与科技部门之间信息化协同面临的挑战

协同挑战来自财务部门与科技部门之间。财务部门与科技部门之间本身存在着体系协同的问题，二者是需求和实现的关系，在这个过程中必然容易出现协同的挑战。

（1）需求场景和技术对接渐行渐远

财务部门与科技部门之间对接的关键在于如何把业务需求转换为系统实现的语言。在传统的财务信息化阶段，这一直就是让人纠结的问题。很多企业的财务部门不了解科技部门的思维方式，而科技部门也难以理解财务和会计的语言，导致二者之间的需求转换往往会出现偏离。好在不少企业意识到了这个问题，并设法在二者之间设置了衔接团队，进行业务需求的转换。

但在智能时代，原本设置的衔接团队会面临更大的挑战。一方面，财务的衔接团队会发现，基于智能技术的需求场景的挖掘更加困难，由于对新技术的理解不够深刻，往往对这些智能技术能够做什么不够了解，在这种情况下，显然更难以想清楚能够解决怎样的业务问题了；另一方面，科技部门也更容易沉迷于对技术本身的研发，成为“技术控”，反而忽视了对财务应用场景的支持，就技术论技术，难以结合业务实际。这两个方面的问题最终造成需求场景和技术对接渐行渐远。

（2）条状对接和技术平台发生冲突

如果科技部门的组织设置与分散的财务模块相匹配，就会带来科技部门内部的协同问题。而如果仅仅科技部门单方进行努力，将其内部的割裂修补好，形成技术平台，那么即使有所进步，也还是没有从根本上解决问题，反而会进一步引发新的问题，造成来自财务部门的条状需求和科技部门平台建设之间的冲突。

在科技平台化、财务分散化的模式下，财务信息化建设仍然分散在各个不同的财务部门内，而相关业务需求的提出是以各个财务部门条状向科技部门进行传达的。在这种情况下，已经实现了平台化的科技部门在面对这些时间不一、规划不一、深浅不一的需求时就会面临问题。由于无法进行像之前独立系统团队模式下的自主响应，科技部门内部需要对接收到的需求进行统筹评估，需要向需求方反馈平台的统一规则，并引导需求方去接受平台的约束。这一过程往往也伴随着大量的沟通和冲突。

4. 集团与业务单元之间信息化协同面临的挑战

（1）标准化和个性化的冲突

对于集团企业来说，如果财务信息化有条件构建在一个相对标准化的架构之上，那么这是一件好事情。在实践中，也的确有很多企业集团一直致力于实现这样的大集中架构模式。但是对于具有多元化特征的企业集团来说，要做到这一点极其不易。

集团内部的业务单元有其各自的业务发展诉求。特别是对于多元化集团来说，不同业态下的业务单元其个性化诉求尤为强烈。在这种情况下，要在集团层面建设一个相对标准化的平台来满足不同业态的个性化需求，就会造成集团标准化和业务单元个性化诉求之间的冲突。如果一味地满足集团的需求，业务单元的发展就会受到影响；而如果完全满足业务单元的诉求，对集团管控也会有显著的伤害。如何平衡二者之间的关系，构建能够同时解决标准化和个性化诉求的平台成为核心问题。

（2）渐进和突发的冲突

在财务智能化建设的节奏上，对于集团来说，往往希望能够遵循所制订的计划，有条不紊地完成信息化建设。而对于业务单元来说，很多时候信息系统的建设需求存在突发性，往往为了解决业务痛点，需要进行紧急的系统建设。在这种情况下，对于集团来说，渐进的节奏会受到突发情况的冲击，如果无法及时对业务单元进行响应，则会加剧二者之间的冲突。而如果业务单元一味地强调自身的突发性，不考虑整个集团信息化建设的节奏，也会带来问题。渐进和突发的冲突是在集团企业信息化、智能化建设中不得不面对的挑战。

（3）穿透和独立的冲突

集团和业务单元之间还面临着信息“穿透”和“独立”诉求的冲突。对于集团管控来说，实现对业务单元的信息穿透是信息系统建设的重要诉求，要做到这一点，大集中的财务信息化建设模式是核心。但对于业务单元来说，保持其信息的独立性或私密性，也往往是其所希望做到的。二者之间的博弈关系一方面取决于集团管控的形态，另一方面也会夹杂着监管要求的影响。特别是对于上市公司来说，信息的独立性就存在监管要求，集团与业务单元在信息“穿透”和“独立”上的分歧或冲突是天然存在的。在刨除监管因素后，信息穿透力度更多的是取决于企业集团在管控模式上对业务单元的控制力度。

（二）智能时代财务信息化协同体系

在智能时代，将面对比在传统财务信息化模式下更加复杂的协同关系和协同挑战。更加重要的是如何在困难和挑战面前积极应对，并有效地构建一套更加高效的财务信息化协同体系。

1. 财务构建统一的信息化中枢

对于财务组织内部来说，要打破信息化的建设边界。打破边界的方法可以考虑在财务体系中构建统一的信息化中枢，这个信息化中枢可以是实体组织，也可以是虚拟组织。实体组织可以体现为财务信息化团队或部门的形态，如某领先互联网企业内部设有财经 IT 部、某大型国有商业银行有会计信息部这样的组织，这些实体化的专有组织能够在财务体系内部起到统筹协调的作用。而对于没有条件设立统一财务信息化团队的企业来说，可以考虑设立虚拟机构，如设置财务信息化管理委员会之类的跨部门统筹组织。尽管它在力度上弱于实体组织，但也能够起到一定的统筹协调作用，并且在财务信息化架构搭建和重大项目的推进过程中发挥重要作用。

2. 科技面向财务的团队和架构的私人定制

对于科技部门来说，要实现与财务的紧密协同，应当考虑构建面向财务提供服务的专属团队。在这样的专属团队中，应当从组织架构上打破传统的按业务模块独立设置团队的模式，构建能够更好地匹配未来的平台化架构，包括专属需求分析团队、架构师团队、公用平台研发团队和场景实现团队面向财务的私人定制。需求分析团队应当能够有效支撑智能技术与财务需求团队的对接；架构师团队能够站在产品化和平台化角度，科学构建财务信息化架构；公用平台研发团队应当能够打通财务各业务模块的底层，对可公用的技术功能进行组件化研发，并实现在不同业务场景中的应用；而场景实现团队则在公用平台的基础上，针对不同的业务场景需求来进行技术实现。通过这样一个平台与定制化相结合的科技团队组织来实现对财务智能化的有力支持。

3. 科技内部市场化实现新技术引入

对于科技内部各类“黑科技实验室”之间的协同，不妨考虑引入市场化机制。由于各类“黑科技实验室”主要的服务对象是企业的业务场景，而对于作为后台的财务场景来说，要想获得大力度的支持并不容易。在这种情况下，引入市场化机制，通过内部交易的形式，向“黑科技实验室”付费购买相关技术支持，能够充分调动“黑科技实验室”协同的积极性，也能够更好地从机制上让财务和业务站在同一条起跑线上。当然，并不是所有企业都有条件去建立内部市场化机制，必要的时候，寻求行政命令资源的支持也是可行之路。

4. 集团推行产品平台并定义自由度

对于集团企业来说，要满足标准化与个性化的平衡，不妨考虑将集团自身视为财务智能化产品的提供商，在集团层面构建基于产品化理念，设计信息化平台。在产品的设计过程中，集团应当充分引入业务单元来进行产品化需求的论证和设计，通过大量的调研形成需求，并最终搭建平台。各个业务单元在实际部署信息化时，集团将其当作一个产品客户，通过进一步的需求调研，引入实施方法论，在产品化平台的基础上进行配置实施和少量且可控的定制化开发。

通过这种模式，集团财务能够搭建一个开放式的财务智能化产品平台，并借助平台实现管理的标准化和自由度的定义。

在财务智能化进程中，财务与科技的协同是一个技术与艺术并存的话题，找到合适的平衡点、实现双赢是财务智能化之路成功的关键。

三、如何成为智能时代的财务产品经理

智能时代财务管理的基础是信息技术，对于财务来说，好的技术平台的支撑能够帮我们在智能化道路上走得更远，也能够有更多的机会去实践财务创新。而在这个过程中，传统的财务信息化支持人员已经难以满足要求，需要智能时代的财务产品经理，来陪伴我们共同走上财务智能管理之路。

（一）财务产品经理

1. 产品经理的概念

产品经理是随着产品形态的发展而发展的。早期的时候，产品大多数是实体化的，如家里的电视机、洗衣机等都是实体产品，产品经理则是管理这些实体的产品全生命周期，从概念提出到设计、生产、营销、

销售、配送、服务等全过程的角色。而随着社会的发展，产品的形态也在改变，能够解决问题的东西不仅仅是实体，一个好的创意、管理方法也都可以称为产品。而当信息技术、互联网快速发展后，软件产品、互联网产品快速风靡，面向软件和互联网的产品经理成为重要人群。但无论哪一种产品、哪一种产品经理，其本质都是一样的。优秀的产品经理的价值就在于要做出能够解决问题、让客户满意的好产品。

从各种各样的需求和想法中找到要解决的问题，以及相匹配的产品方向；为产品做一个长期的布局和规划，知道什么时候该走到哪里；进行产品设计，参与产品的开发、测试和上线；参与产品推广方案的设计，用营销思维让客户接受这个产品；积极进行产品培训和用户支持，得到更多改善产品的反馈；关注市场动态和竞争对手，随时进行产品规划的调整。如果能够做到以上这些，说明已经成为一名在当下时代要求合格的产品经理了。

2. 产品经理和工程师的差别

产品经理和工程师是两个容易混淆的概念，二者之间有一定的交集和相似之处。理解二者的差别，有助于我们更好地认识产品经理的角色和定位。

产品经理的定位是从架构、功能和逻辑层面去设计一个系统，并关注这个系统能够为用户解决怎样的问题，高度关注用户的体验，力求做出让用户用起来舒服、能解决问题的好产品。而对工程师尽管也有类似的要求，但其更侧重于技术研发，而较少关注这些技术可能带来怎样的应用场景。这两种定位在企业内的强弱甚至可以影响组织的文化。

对于产品团队来说，产品经理和工程师都是这个团队的构成部分，团队中还会包括设计人员、测试人员、营销人员、项目经理等角色。产品经理往往在大的产品团队中还兼具角色补位的身份，在正常情况下，产品经理和这些角色各司其职，形成良好的协作关系，而在某些角色出现短板的时候，产品经理是这个团队中最合适的补位者，这也是为什么我们说产品经理的工作视野应当覆盖产品全生命周期的原因。

3. 财务产品经理的定位

当理解了产品经理这个概念后，我们再来看一看财务产品经理应该有怎样的定位。

首先，财务产品经理应当是财务组织中的一分子，其核心职能是设计财务信息系统来解决财务工作中各类业务场景所遇到的问题。因此，将财务产品经理设置于财务团队内部能够更好地发现用户的问题，并设计出更有针对性的产品解决方案。

其次，财务产品经理应当将主要精力放在搞明白需求、设计出用户体验卓越的好产品上。同时，充分挖掘工程师们的“黑技术”，把好的技术应用到财务场景中。财务产品经理既不应当越位工程师的角色，也不应当任由工程师团队替代。

最后，要意识到财务业务人员并不适合在没有经过充分训练的情况下直接成为财务产品经理。财务产品经理是一个复合型人才的角色，其核心能力在于财务知识与技术能力的有机融合。纯粹的业务人员来设计产品会缺少全局观，难以把握架构和流程，并在与工程师的对接过程中出现翻译的偏离。

（二）智能财务产品经理的特质

财务产品经理的出现能够全面提升财务的信息化应用能力，帮助财务部门应用技术手段来解决问题。那么在智能时代，财务产品经理还需要经过怎样的迭代进化来实现进一步的提升，并应当具备怎样的特质呢？

1. 新技术的敏感性

作为应用技术来解决财务问题的财务产品经理，对技术的敏感性是不可或缺的。特别是在智能时代，技术快速迭代，对这种能力的要求更为突出。实际上，在传统的财务信息化时代，在相当长的一段时间内，技术的发展还是相对平稳的，从计算机技术的出现到互联网、移动互联，我们可以基于比较轻松的节奏来面对技术变化对财务的影响。至少在今天，有不少企业才刚刚开始落地实践十年前的财务技术手段。

但在过去的两三年和未来的五年中，处于信息化时代向智能时代转变的过渡期，这期间，技术的多变和创新的层出不穷会成为常态。如果还是按照先前的节奏来面对，则很可能错失大量提升财务效能的机会。

在职业生涯中不可多得的时代跨越期，每一个财务产品经理都应当具备高度的技术敏感性，把握时代赋予的机会。

2. 新技术的财务场景化能力

对于财务产品经理来说，一旦发现了市面上出现的新技术，最重要的一件事情就是能否将这些新技术用于解决实际的问题，也就是这里要说到的新技术的财务场景化能力。实际上，业务问题出现的载体是业务场景，空谈一项技术是没有任何意义的。但作为财务产品经理，能够识别出业务部门的痛点，抽象出业务场景，分析出什么样的技术能够解决怎样的场景问题，那么其就是一个高水平的产品经理。

对于如何形成这样的能力，财务产品经理不妨借鉴在前面章节中所谈到的创新方法。其中，关联创新很适合让我们在财务和技术结合之际迸发出新的想法。

3. 产品化和平台化架构能力

在传统的财务信息化模式下，由于技术变化相对缓慢，高度定制化的信息系统也能够满足不少的用户需求，且保持稳定性。但随着智能时代的到来，技术的加速创新，缺乏扩展性的定制系统将难以承载业务需求，产品化和平台化成为趋势。

对于财务产品经理来说，产品化和平台化架构能力的形成并不是那么容易的。在传统模式下，只需要就问题解决问题，用西医的方法就足够了；而在产品化和平台化架构下，需要用中医思维来解决问题，能够站在一定的高度上对财务信息化产品中各个功能组件和关联关系进行具有前瞻性的规划，并能够在技术实现上赋予其充分的可配置性和扩展性。这种能力的形成无论在专业上还是在思维能力上，都对现有的财务产品经理提出了更高的要求。

4. 产品价值挖掘能力

在智能时代，好的产品经理不能仅仅技术过硬，还需要会讲故事。对于所负责的产品，能够充分挖掘产品的价值，并与产品的相关方达成共识；能够更好地获得资源保障，更好地获取用户的信任并形成更可靠的需求；更好地获得管理层的支持，保障产品设计最终落地。

在通常情况下，智能时代的财务产品经理应当能够讲清楚产品实现在成本、效率、风险管控、决策支持、客户体验等方面的价值。通过这一系列的价值共识，把产品推入高速发展的轨道。

（三）如何从财务 IT 成长为智能产品经理

传统的财务信息化团队在向智能财务产品经理的迈进中已经具备了一定的基础，但是仍要在专业深度、广度和认知创新三个维度上进一步提升，方能够成长为一个合格的智能财务产品经理。

1. 专业深度的成长

专业深度尤为重要，在智能时代，如果要成为合格的产品经理，就需要进一步加强技术知识的储备。当然，这种加强并不是要求达到工程师的水平，而是要在现有的运维、需求分析能力的基础上，补充新技术领域的相关知识。如需要对大数据、云计算、机器学习、区块链、物联网等新的技术概念有所认识，能够理解这些概念的本质逻辑，知道工程师会如何应用这些技术，在应用这些技术时需要有哪些准备或基础能力。这将帮助智能产品经理更好地把控产品方向，更合理地向工程师提出产品要求。

同时，专业深度还体现在对产品化、平台化架构方面的知识体系的完善上。当然，相关的具体工作将由科技部门的架构师团队来完成，但作为产品经理，需要有能力判断和评价架构师的设计，并有能力参与相关架构设计工作。

在专业深度方面，还需要关注 IT 治理的相关内容，这对于可靠地管理产品从规划到实现，以及后续的稳定运营有很好的帮助。在 IT 治理方面需要关注的内容包括：IT 规划管理、IT 获取与实现管理、IT 服务管理、IT 治理管理、IT 风险管理、信息安全管理、IT 绩效评价，以及灾难恢复和业务持续性管理等内容。

2. 专业广度的成长

对于财务产品经理来说，要打造出智能时代的财务好产品，就必须能够更加深入地承担起业务场景与信息技术相结合的中间角色。这个中间角色在业务层面要求财务产品经理具有更加广阔的专业视野。

财务产品经理应对财务的各业务领域有广泛的了解，如核算、预算、资金、管会、经营分析、税务、共享等。具备了这些财务专业范围内的广度，能够帮助产品经理实现第一个层次——财务各职能团队与科技之间的对接。

然而，财务产品经理不能仅仅满足于这个层次的专业广度，还需要进一步将视野扩大到各中、前台业务中，需要覆盖到公司经营的各类业务系统，并能够对业务与财务端到端的全流程数据流转和系统架构有所掌握。在这种情况下，才能更好地通过信息技术实现业务与财务的一体化。

构建多层次、立体、具备专业广度的知识体系，对财务产品经理从初级向高级成长至关重要。

3. 认知创新的成长

财务产品经理的养成之路还需要认知创新能力的提升。对于产品经理来说，需要更多地去研究和学习创新的工具和方法。创新本身是一门科学，而并非守株待兔式的等待创意的过程。对于财务产品经理来说，如果要想培养出自身的创新能力，需要积累大量的跨界知识，而不仅仅是财务和科技类的知识。很多时候，创新的灵感来自貌似不相干的领域的突发刺激，当积累了足够广度的素材后，所谓的各种创新工具和方法才有可能发挥作用。

当然，实践是创新的根源，作为智能时代的财务产品经理，需要积极地将想法付诸行动，哪怕是推演都能帮助我们加深思考，并在深度思考的过程中获得认知和创新能力的提升。

财务产品经理的形成是一个迭代进化的过程，当明确了智能财务产品经理是什么、需要怎样的能力和如何培养后，剩下的是需要在工作中不断地积跬步、至千里。

第七章 智能化财务管理未来发展方向分析

第一节 呈现财务云趋向

云计算是推动信息技术能力实现按需供给、促进信息技术和数据资源充分利用的全新业态，被称为自互联网革命以来IT产业最深刻的变革，必将深刻影响公司财务管理和会计行业。

一、云计算与财务共享服务研究的基础

云计算为企业带来了一场技术创新、应用创新、商业模式创新，更为企业财务共享服务中心进一步有效整合资源、完善服务模式提供了新契机。将云计算应用于财务共享服务，开展财务云研究要建立在云计算及财务共享服务相关研究的基础之上。

（一）云计算的定义、特征及应用现状

最早的“云计算”（Cloud Computing）概念是Google前任首席执行官埃里克·施密特（Eric Schmidt）在2006年搜索引擎大会上提出的。目前，有关云计算的定义，不同的文献资料有着不同的表述，具有代表性的定义有以下几种：

云计算是一种可根据负载动态重新配置、可调用的虚拟化资源池，服务供应商和用户约定服务协议，用户使用服务实行用时付费模式。美国国家标准与技术研究院（NIST）认为云计算模式提供可用的、便捷的、按需的网络访问，这种模式下可配置的计算资源共享池能够快速提

供资源，用户只需投入很少的管理工作，按使用量付费。刘鹏认为云计算将计算任务分布在大量的计算机构成的资源池上，用户按需获取计算力、存储空间和信息服务，是一种商业计算模型。

通过以上定义，可以得出云计算具有如下特征：一是可扩展性，资源可以动态伸缩，满足应用的需要；二是快速弹性，服务容量具备快速线性增长的能力，用户可以根据实际需求快速弹性地请求和购买服务资源；三是资源池化，利用虚拟化技术，把各类资源形成虚拟化资源池并实现集成共享；四是广泛网络接入，通过提供标准化的接口供其他服务调用。按照部署方式（应用范围）分类，云计算可以分为四大类：私有云（Private Cloud），被某单一组织拥有或使用的云基础设施；社区云（Community Cloud），两个或两个以上的组织共同管理操作，设施被组织成员共享；公有云（Public Cloud），由一个组织管理维护，并向公众提供云服务；混合云（Hybrid Cloud），以上两种或两种以上云形式的组合。

在应用现状方面，西方发达国家诸多大型跨国企业，如 Google、Amazon、Microsoft、IBM 等已形成全球化服务能力和系统解决方案提供能力。近年来，我国云计算市场迅速增长，关键技术和软硬件产品取得一批成果，产业规模迅速扩大，百度、腾讯等公共云服务能力位居世界前列。但硬件方面也存在新型架构数据中心相关设备研发较为滞后、软件方面存在云计算平台对应用移植和数据迁移的支持能力不足、云服务方面存在总体规模较小等问题。云计算的广泛应用，必将深刻影响公司财务管理、会计行业。

（二）财务共享服务的研究与实践现状

财务共享服务的本质是流程的共享。财务共享服务通过在一个或多个地点对人员、流程和技术等核心要素进行整合，将具有规模经济和范围经济属性的财务业务集中放到共享服务中心进行处理，旨在实现降低成本、提高服务质量与效率、促进核心业务发展、整合资源实现战略支撑等目标。Fahy 的观点是：财务共享服务是实现企业集团内流程标准化和精益化的一种创新手段，也是企业整合财务运作、再造财务流程的一种崭新的制度安排。从以上观点可以看出，财务共享服务是这样一种模式——企业通过建立财务共享服务中心（Financial Shared Service Center，简称 FSSC），实现财务集中、财务协同、财务共享，着力使财务工作达到低成本且高效率，最终实现企业价值创造目标。

有关财务共享服务的理论研究主要集中在财务共享服务的流程再造与关键因素分析，探讨构建模式实质就是研究流程再造。Bergeron 认为，财务共享服务中心与企业集团成员单位之间的业务形成了一个价值链，业务流程再造就是对这个价值链进行构建的过程。张瑞君、陈虎、张永冀结合中兴通讯集团案例，从组织、技术、流程等维度分析了构建财务共享服务中心的关键因素。张庆龙、聂兴凯认为财务流程再造的核心程序和方法有财务流程分析、财务流程的优化及重新设计、试点与转换。何瑛、周访通过实证研究，得出对财务共享服务价值的影响程度的各关键因素依次为：战略规划、信息系统、流程管理、组织结构设计、绩效管理、人员管理。还有部分学者对财务共享服务模式下财务人员转型问题进行了探讨。然而，通过对相关文献进行检索发现，鲜有基于云计算构建财务共享服务新模式的研究。

目前，超过 90%的世界 500 强企业已经应用或正在建立 FSSC。财务共享服务作为“舶来品”，在我国也得到了广泛地应用。财政部于 2013 年 12 月印发《企业会计信息化工作规范》，鼓励企业探索利用信息技术建立财务共享服务中心，国内大型企业纷纷利用专业化分工和信息技术优势，建立了 FSSC。北京国家会计学院 2015 年 4 月发布的财务共享服务调查报告显示，我国已有超过 70%的大企业开始实施财务共享服务战略。

二、财务云的定义与研究价值

（一）财务云的定义

云计算应用于财务共享服务的研究虽然并不多见，但是学者对于云计算发展迅猛的时代背景下，企业的财务流程从既定的ERP系统向云服务转变已基本达成共识。Martin指出，“云应用”的浪潮已经波及和影响财务流程和组织，如果不服从流程再造理论的精髓，就可能会面临高失败率的风险。基于会计信息数据等财务资源具有通用性、标准化、可获取性等特征，以及云计算在政务、金融、教育等行业共享服务平台的成功应用，构建财务云中心是大势所趋。目前，国内仅有中兴通讯、浪潮、长虹等少数企业提出财务云系统解决方案，理论界对于财务云的定义也还没有一致的认识。基于云计算与财务共享服务的现有研究基础，笔者认为可以将财务云定义为：企业将云计算技术与财务共享服务中心协同整合，通过建立一个平台再造财务流程，实现核算报账、数据共享、财务管理、资金管理、决策支持合一，旨在降低总体运营成本、提升财务服务质量、强化管理会计建设、有力整合企业资源支持企业发展战略，这个平台就是财务云。

（二）财务云研究的价值

云计算被称为继大型机、个人计算机、互联网之后的第四次浪潮，已成为信息产业发展的战略方向，云会计、云审计等应运而生，财务共享服务不可避免地会与云计算产生融合。下面对财务云发展的必然性和可行性两方面进行分析，阐释财务云研究的价值。

1. 财务云发展的必然性

财务云聚焦数据、依托信息技术，力图再造财务流程，解决企业财务职能建设中成本高、效率低的弊端。财务云在企业中将会得到广泛应用，有其必然性。

一是云计算产业快速发展的要求。国务院于2015年1月发布的《关于促进云计算创新发展培育信息产业新业态的意见》为财务云建设提供了政策支持。财务云一方面可以为企业集团的分（子）公司提供专业化服务，另一方面还可以为外部单位（其他企业和行政事业单位）提供财务服务（解决方案），获取利润。开展将云计算应用于财务共享服务的研究，有利于提高业界对财务云的关注，给业界带来巨大的商业价值，形成财务云牵引低碳经济发展的新商业模式。

二是主动适应大数据发展的需要。大数据通过利用信息技术，对分布各处、各式各样的数据进行收集分析，从而发现知识、创造价值，大数据是一种新的服务业态。云计算的一个重要功能就是对数据资源具有显著的集聚效应，能够大力推动大数据的进一步挖掘、分析、应用和服务，促进信息资源共享和业务协同。财务云聚焦数据，以坚实的大数据为基础。平台直接收集分（子）公司的原始数据，能够确保数据真实准确；平台按照用户需求提供数据给用户，还能确保数据具备高可用性。

三是增强企业协同效应的重要举措。财务云使集团总部与分（子）公司、分（子）公司之间的财务和业务达到高度协同，实现企业内部协同。在此基础之上，财务云还可以满足企业与外部单位实现高度协同。企业开展财务活动会与税务部门、商业银行、证券市场、会计师事务所、客户、供应商等有关各方发生经济利益关系，由于财务云平台应用了云计算技术，具备了广泛接入功能，因此企业可以通过平台与上述方协同办公，实现企业与外部单位协同。

四是加强企业内部控制的必然途径。企业在实行财务共享服务之前，大多采用分散式的财务核算和管理模式。各分（子）公司内设财务部门，拥有独立的财务核算体系和会计信息系统，加之受经营业务内容不同、所处区域不同等因素影响，形成事实上的一个个信息孤岛。信息孤岛的存在使集团内部不同会计主体之间财务数据的可比性大打折扣；信息孤岛的存在使反映到集团总部的财务报表生成速度慢、流程长，不利于集团总部通过报表监控分（子）公司的财务状况和经营成果，集团总部对分（子）公司管控弱化。建立财务云，制定标准化的财务制度，实现财务数据在云平台下的集中共享，财务云实时生成分（子）公司的财务信息供集团总部参考，集团管控效率低下问题迎刃而解。

2. 财务云发展的可行性

云计算应用在政务、教育、医疗、金融等重要领域先后落地，对企业建立财务云具有重要的参考价值。相比于传统的财务共享服务模式，财务云在功能诸多方面更具优势，具有十分可行性。

一是进一步降低企业运行成本。财务云实现企业财务资源共享，减少了软硬件系统及财务人员在分（子）公司的重复设置，降低了企业总体运营成本。财务云软硬件系统均可选择服务外包，由云计算服务供应商提供，供应商保障系统安全、解决系统故障、升级系统软件，企业无须投入人力、财力等对基础设施等进行管控。

二是进一步提升财务工作效率。企业即使建立了财务共享服务中心、实行了统一的会计核算，由于没有把财务共享服务中心引入云端，因此无法享受到云计算的高可扩展性、高效性、便捷性。云计算支持多终端接入模式，用户借助移动互联网、各种客户端（如手机等），便可随时随地任意接入财务云处理工作事务，云计算的快捷性和会计业务的标准化使财务工作效率进一步得到提升。

三是更加注重信息的安全保障。近年来，为适应云计算服务快速发展的趋势，进一步保障云计算信息安全、强化数据隐私保护，国家已经结合云计算特点制定了一系列相关信息安全制度，云计算服务商也构建了信息安全保障体系，这些举措大大提升了云计算平台信息安全监测、预警和应对能力，云计算下的财务共享服务模式发展环境更加安全可靠。

四是提速管理会计在企业的发展。分散式的财务管理模式下，会计人员耗费大量的精力处理记账、算账等日常性事务，忽视了在企业规划、决策、控制和评价等方面的功能发挥。财务云对企业会计人员进行一个更细的专业化分工，将会计核算工作从企业财务部门中相对剥离，使从事会计基础业务的会计人员转型发挥管理会计职能，注重企业的价值管理和创造，推动企业管理会计工作的有效开展。

三、财务云未来研究方向

在云计算发展逐渐形成的燎原之势下，推动财务云的相关研究势在必行。目前财务云的研究还处于起步阶段，笔者认为应该从以下方面着手：

（一）财务云平台架构研究

财务云平台架构是财务云研究的核心内容。依托云计算服务供应商提供的三种服务——基础设施即服务（IaaS）、平台即服务（PaaS）、软件即服务（SaaS），构建财务云平台主体，从集团内部用户端、外部应用接口两方面构建平台辅助部分，最终实现企业的软硬件资源及服务共享。

财务云平台主体部分：一是基础设施即服务（IaaS），IaaS 是财务云平台基础，云计算服务供应商为企业提供基础设施（计算资源），包括服务器、网络、存储、处理等，分（子）公司无须购买和建设基础设施。IaaS 根据用户需求及使用状况，动态为用户分配、调整计算资源，用户无须管理基础设施。二是平台即服务（PaaS），PaaS 基于 IaaS 之上构建，云计算服务供应商提供开发语言和工具等平台给用户，为分（子）公司提供计算环境和开发环境。PaaS 具备系统解决方案、资源部署调度、财务软件开发、专家在线答疑、共享服务论坛等功能。用户同时可以在 PaaS 中安装应用程序，根据需求对应用程序进行管理控制或实行托管，使应用程序对客户可用。三是软件即服务（SaaS），SaaS 基于 PaaS 之上构建，主要部署财务数据共享系统、财务数据分析系统、财务数据保障系统、管理决策支持系统等。云计算服务供应商提供各种应用软件给平台用户，应用软件通常安装在服务供应商处；分（子）公司无须再建设相关系统，借助移动互联网、各种客户端、浏览器便可方便快捷自助访问和使用部署在云端的软件，且无须进行管控。

财务云平台辅助部分：一是集团内部用户端。集团内部用户端通过 Web 服务等对用户进行身份认证、数据访问权限、实时监控等管理。二是外部应用接口。财务云平台下，税务部门、商业银行、证券市场、会计师事务所、企业客户与供应商等也可接入系统。按照数据访问权限，企业还可通过财务云向股东、债权人、企业员工等公开财务信息。企业接入财务云，即可在云计算服务供应商提供的三种服务模式下，实现核算报账、数据共享、财务管理、资金管理、决策支持在企业内部的协同应用，并可选择性地与外部单位协同办公。

（二）财务云保障机制研究

财务云保障机制研究是财务云研究的重要组成部分。下面从提升安全保障能力、加强人才队伍建设、鼓励相关企业拓展财务云外包服务三方面构建财务云保障机制。

一是提升安全保障能力。保障信息安全是财务云建设的首要前提。企业大量数据都是对内的，一旦发生泄露，将会企业造成不可估量的损失，云计算服务供应商不仅要确保信息可用、可控、不可否认，更要保证信息在产生、存储、传输等环节不被非法修改和破坏，不泄露给非授权者。建议政府相关部门在现有信息安全法律法规的基础上，进一步完善云计算环境下企业和个人信息保护、云计算服务供应商安全管理责任等相关制度建设。

二是加强人才队伍建设。财务云的发展需要一批既懂公司财务管理、会计学、管理会计，又对信息技术有一定了解的复合型人才来推动。加强高等教育与产业发展的有效衔接，鼓励高校同行政事业单位、企业、行业协会建立协同创新战略联盟，培养卓越会计人才，尤其加强对会计学、财务管理、审计学等相关专业学生进行管理会计能力培养，为企业财务云的发展提供智力支持。

三是鼓励云计算服务供应商和会计软件公司拓展财务云外包服务。财务云在平台建设方面存在选址、信息安全、技术支持等风险，企业出于自身经济利益考虑，选择外包的可能性较大。因此，政府要出台相应政策性支持措施，鼓励云计算服务供应商和会计软件公司拓展财务云平台服务，保障财务云平台建设。服务商在推进财务云平台建设的过程中，要充分结合我国目前会计信息系统建设实际，为企业提供符合自身需要的财务云平台。

（三）财务云与管理会计协同研究

财务云平台与管理会计工作虽相互独立、相互区别，但又相互影响、相互作用。协同理论下，财务云与管理会计在战略分析、决策支撑、价值创造等方面具有目标一致性，一定条件下，二者相互协作产生的协同效应，远远大于各自独立工作效应之和。

财务云为管理会计在企业的有效应用提供了三大基础。一是数据基础。管理会计功能的有效发挥，必然要求以数据作为支撑。财务云是一个数据收集、存储和分析的中心，企业管理会计工作开展所需的数据均可由财务云提供。二是人员基础。财务云促进企业大量的会计人员由财务会计向管理会计转型，为管理会计工作的有效开展提供人力支持。三是组织基础。财务云的平台应用软件具备风险控制、资本运营、价值管理等功能，这些功能本就属于管理会计范畴。因此，财务云平台为企业管理会计发展提供了平台保证。

从另一方面来看，企业管理会计人员利用相关信息、有机融合财务与业务活动、将统一的财务制度和规范的财务标准内嵌在财务云平台运作流程，发挥企业管理活动的职能，这些举措有力支撑了财务云在管理功能等方面的作用发挥。响应国家全面推进管理会计体系建设的号召，深入开展财务云与管理会计二者的协同研究是财务云研究的一个新方向。

第二节　财务外包

随着经济全球化的持续高速发展和现代化网络信息技术的突飞猛进，越来越多的企业开始关注自身的核心竞争力。企业要想提高其核心竞争力，必须把注意力集中在可以增值的核心领域上，而财务外包无疑是解决这一难题的有效手段。财务外包作为服务外包的一种，是继人力资源外包后日益兴起的另一种新型业务流程外包。

一、财务外包概述

财务外包是近年来在西方发达国家发展较快的一种财务管理模式。

美国是最早进行财务外包服务的国家，最初主要包括工资管理、票据处理等一些类型比较简单的外包服务。随着经济全球化的到来和互联网技术的高速发展，财务外包领域开始不断地拓展，不仅限于交易管理，还包括财务分析、风险管理等。

（一）财务外包定义

目前我国学者对财务外包还没有形成统一的学术定义。综合国内外相关学者对财务外包的定义，笔者认为，财务外包就是企业在资源有限的条件下，通过合同或协议的形式，将财务会计职能中的部分自身不擅长管理的流程委托给外部专业机构，由外部专业机构进行财务操作和管理并给予必要的财务分析和指导的一种新型财务管理模式，即将企业非核心财务会计业务外包给服务商，使自身更加关注核心业务的发展，从而降低成本，提高资源配置效率，最终实现企业价值最大化的目的。

（二）财务外包内容

财务外包主要包括总账、应收账款、应付账款（包括差旅费和招待费）、工资管理、税务管理、现金管理、风险管理、发票对账、支票清算以及其他财务与会计职能等。近年来，我国会计师事务所和财务公司成了主要的财务外包服务商。能够提供财务应用服务的网络公司（如ASP，即应用服务提供商）也可以承接部分财务流程外包业务。

二、财务外包的优势分析

从以上分析可以看出，财务外包是企业管理层基于企业利益最大化的角度实施的一种旨在降低成本、提高管理水平、增加企业核心竞争力的财务管理模式。具体来说，财务外包具有以下优势：

（一）有利于降低成本，优化资源配置，提高效率

首先，通过财务外包，企业可以利用提供财务应用服务的网络公司（如ASP）搭建的网络财务应用平台，将部分财务系统业务外包给专业机构。这样不仅减少了购买相关财务软硬件的资本支出，而且还利用了

专业机构的专业手段对企业财务职能进行统一管理，有效地提高了财务管理水平。其次，财务外包可以降低人力成本。通过财务外包可以有效避免为操作和维护会计电算化系统而雇佣的计算机技术人员和财务人员的成本支出，相应的附加成本如休假、福利等费用也会大幅度减少。例如，澳门航空公司将其收入结算业务外包给中国航空结算中心，中国航空结算中心为澳门航空公司提供全方位的收入结算业务，减少了澳门航空公司在设备和人力资源方面的投入，极大地降低了澳门航空公司的成本。

（二）有利于提高财务信息的透明度和可信度

这使得越来越多的信息使用者更加关注财务信息的透明度和可信度。通过财务外包有利于解决这一问题。一方面，外部专业机构利用自身专业的财务管理能力使会计信息虚假的概率降到最低，提高其财务信息可信度；另一方面，财务外包服务商是作为第三方独立存在的，由他们操作的财务信息更具有可信度。上市公司通过财务外包而获取的财务信息更能得到海外投资者和监管者的认可，有利于实现在国际资本市场的融资。

（三）有利于提高企业的核心竞争力

核心能力是保持企业竞争优势的力量和源泉。通过财务外包，企业将非核心的财务职能剥离出去交给专业机构，使企业有限的财务管理人员更有精力去关注具有更高价值的核心财务职能，这将有利于提高企业总的核心竞争力。例如联合利华的财务外包业务。该公司在 24 国有 750 名财务部门员工，使用 18 套企业资源规划系统，加上数百种其他财务及会计流程，分属于 3 个不同领导团队，面临重复、高成本与质量参差等问题。2005 年欧洲联合利华公司决定精简组织，制订了一项名为“一个联合利华”的战略转型计划，决定将公司财务及行政职能外包给在成功管理复杂流程方面具有优秀表现的供应商。新的财务管理者解决了流程和系统标准化统一的问题，并精简了大量重复环节。如今，“一个联合利华”计划每年为公司直接节省 7 亿欧元，而通过其外包职能，联合利华得以加快财务及行政管理转型的步伐，也让该公司财务部门将精力从交易流程转移至公司核心业务，在不到 4 年时间内完成以往其他公司需要 10—15 年时间才能完成的工作。

三、财务外包的风险防范分析

尽管财务外包作为一种新型战略管理模式在国内外市场上日益兴起，但是其本身存在的缺陷仍可能会制约企业的发展。因此，关于财务外包风险防范分析是每一个企业必须高度关注的问题。

（一）成本失控的风险

失控风险是财务外包首要和最基本的风险。企业将部分财务职能交由外包服务商来管理，企业的财务管理人员无法对外包的财务内容进行直接控制，对需求的任何变更必须经由或取得外包服务商的同意，这意味着在某种程度上对一些财务职能失去了控制。此外，财务外包公司作为独立存在的一方，将相关的会计信息和财务数据管理在自己的网络财务应用平台上，与企业的财务信息链割断，这样会使大量的会计业务混合在一起，可能会对一些职权分工、相互牵制失去控制。而且，当外包服务商承担了财务业务后很可能会逐步提高价格，降低财务服务质量，这将增加企业的额外成本和相关费用。因此，在财务外包过程中，企业应当始终保持与外包机构良好的合作关系，财务管理人员应当投入更多的时间和精力来管理这种外包关系，随时对财务外包业务职能进行监督和评估，提升在外包下的财务管理水平。

（二）信息安全风险

财务部门作为企业的核心部门，从财务计划、定价策略到信用关系、预算考核，无不触及企业战略和商业秘密。企业将财务职能外包出去很可能会使自己的会计信息被截取、篡改、丢失和泄露。如果外包机构缺乏道德与信用，就会给企业带来难以估量的损失，财务外包也就失去了意义。目前我国的信用市场体系严重阻碍了财务外包的发展。因此，企业在财务外包决策时，要谨慎选择外包企业，了解外包企业的可靠性、信用水平、防范措施等信息。

（三）合同定价风险

拟定合同是财务外包项目生命周期中的一个重要环节，当今财务外包合同讨论中最具有争议的内容之一是围绕合同定价而展开的。财务外包合同定价特别具有挑战性，一方面，其中牵涉了影响定价的企业理念和高层管理者的偏好等因素，而且也缺乏有关的标准合同条款和定义。另一方面，由于外包服务提供商与其客户之间的期望值不一致，导致本已协商一致的度量指标落空或被搁置。如何把这些要素融进有关定价的合同中需要花费很多时间，而且会附带产生很多问题。在我国，很多企业在进行财务外包合同定价讨论中会用明确的期望值进行严格的评估，这样很容易脱离实际，形成一些被误导的期望值。因此，企业与服务商之间的高度信任决定了整个定价协商的成败。我们要充分考虑到成本的不确定性、市场经济竞争形势以及财务外包市场的不成熟，企业与财务外包服务提供商必须在从长远需求来考虑定价、达成规范的期望值等方面做出更多的共同努力。

（四）内部财务能力削弱风险

财务管理是企业经济管理的中心环节，财务管理能力直接关系到企业财务战略的选择，甚至会影响企业的兴衰荣辱。纵观实际情况，我国大部分中小企业规模小，起点低，财务基础比较薄弱，他们更多还是选择外包，利用外部专业的财务管理能力来为自己服务，这在短期内带来一定程度的专业化、低成本的竞争优势，但是长期来看，企业内部财务人员会逐步降低财务分析、风险控制等能力，失去了掌握专业财务技能和开展创新来构建企业核心竞争力的机会，最终将不利于企业的长期发展。因此，我们要树立正确的财务外包观念，在积极利用承包方优秀的专业能力和特殊人才为自身创造价值的同时，还要加强自身的财务能力，培养优秀的财务管理人员。

第三节 创新财务会计理论

对于会计行业来说，企业规模扩大、人员的增多，都迫使我们不能再以单一的会计核算模式来应对企业运行。大多数国内企业也都意识到这一问题。但由于我国各项发展还不够全面，市场监管、政策支持和人文环境等不够健全，使得财务共享服务中心的构建进展缓慢。本节以会计环境变化分析为依据，从政治、经济、人文三个角度探索会计环境的变化，紧接着从传统的财务会计理论体系和财务会计理论与时俱进后的创新管理体系两方面进行探究，对会计理论在新的经济环境下受到的改变做以分析。

一、会计环境变化的主要体现

《国家财政“十三五”规划》中就会计行业的“十三五”规划指出，随着国家大数据战略和“互联网+”行动计划的实施，对会计制度的要求、会计人才的培养和经济环境的监督问题需要越加重视。而会计环境的变换必将引领财务会计理论的一体化创新发展。

（一）会计制度与“法制建设”结合度加深

我国一直倡导依法治国方略，目前，我国法制建设成果喜人。会计制度作为规范商业交易和往来的主要衡量标准，一直被不断更新完善。新会计法的颁布、资源税的改革、财政制度的改变都是法制与会计制度建设的结合产物，将刑法提升到一定高度，不仅起到规范作用，而且使企业财务会计获得了法律所固有的普遍性、规范性和强制性。

在法制化社会，加强会计法制建设不再仅仅是之前的经济惩罚，而是从完善会计法律体系、加强会计职业道德建设、广泛开展普法教育、加强会计监督检查这四个方面来进行法制途径建设。会计行业法制建设的不断推进，有力地推动和保障了行业规范和健康发展，在保护社会公众利益、保障资本市场安全和维护市场经济秩序等方面发挥了积极作用。

（二）会计人才需求多样化发展

随着信息化的发展和新时代经济发展的需求，计算机技能、语言组织能力、外语能力等多样化的能力要求时刻考验着会计工作人员。尤其是2017年11月5日起实施的会计从业资格证考试的取消，进一步对会计从业人员进行洗牌，意味着其不再作为从事会计工作必需的准入证明。大数据、云计算的普及化要求会计人员掌握一定的计算机技能，而市场准入主体的变化，却需要具备交流技能的人去引导他们进行会计核算。CMA的兴起，全英文的考试形式，也预示着国内会计人才向高端化发展。此外，2018年5月3日推出的关于推行终身职业技能培训制度的意见中表明，对从事会计行业人员的终身技能培训做出了要求，这也是会计人才环境变化的又一重大启示。

（三）会计结构的智能化改良

会计结构的智能化改良是会计环境变化的关键性体现。目前国内的诸如用友、金蝶和SAP（主要针对外企）这些财务软件企业都开发了智能化财务管理系统。经过定期的培训，结合企业自身财务需求，为企业量身定制的财务信息化管理平台，将财务管理集约化，将各个子公司、分公司账务一体化，在一个系统中实现管理、信息共享。子公司人员在一个系统登录，经过授权管理，就可以轻松获取想要知道的财务信息，节约人力、财力，一次投入，长久受益。

（四）会计记账模式信息化

过去在手工模式下，只能局限在事后分析，往往还出现大量的人为差错。加之会计成本分析日益复杂，涉及数据日益庞大，使手工操作的难度大大加强。而在如今的信息化条件下，就能建立从成本计划、预测、预算、控制到分析的一体化管理模式。计算机系统不仅能够快速准确地完成各项会计成本管理的工作，而且可以节省大量劳力物力，有助于提高会计成本管理效率。信息化改造是企业管理改革的大趋势，因此也必须将原有的会计成本管理手工模式改造。

二、财务会计理论创新的实例分析

会计环境的改变导致会计理论的创新，企业财务资本的扩张、会计报告的模式转变以及收益观念的变化都是财务会计理论创新的主要方面。文章以海尔公司的财务管理模式变革作为实例，来具体分析财务理论创新的表现。

海尔从1984年创立至今，经过了名牌战略、多元化战略等几个发展阶段。集团稳居世界500强前列，各产业链发展牢固。而海尔，从2006年开始进行财务信息化平台建设，至今已经有14个年头，各项建设也已经完成，财务从传统的会计模式向能够规划未来的管理会计型财务组织转型。在这期间，海尔全面优化了财务组织、业务流程和信息系统等，建立了海尔财务共享服务体系。业务财务、专业财务、共享财务，并把核算财务作了物理集中，也就是人员集中。业务财务成为驱动业务发展和构筑行业领导地位的战略伙伴，专业财务通过建流程、立标准驱动业务并利用税务、预算等专业知识创造价值，而作为高效交易处理的财务共享则实现了“集约型”转变，资产核算、资金支付、费用报销、总账报表等核算流程从原财务组织中剥离出来，实现了海尔财务更集中的运营模式。

在这些转变中，涉及几个财务理论的创新：

（一）资本概念的范围被扩大

资本在传统会计中被定义为所有者投入生产经营，能产生效益的资金。它主要包括固定资产、无形资产和一些能够被计量的资产投入。而在海尔财务改革的过程中，资本涉及社会舆论资本、信息化建设的潜在投入资本和生态资本。社会舆论资本主要涉及微博、微信和QQ等自媒体时代的普及所导致的应付企业舆论导向的资本投入。信息化建设投入资本主要体现在本次改革中海尔公司所要支付的设备费用、软件维护费、人员电脑培训费以及未来几年定期的信息化平台维护费用。而生态费用，则是社会发展方向的导向作用，生态环境保护中的污水处理、可循环再用资源等投入。这些都构成了会计资本概念的创新化发展。

（二）会计报告的模式转变

传统会计报告主要揭露的是企业的内外部经济资源、经营绩效情况、委托者想要知道的委托经营者经营的具体职责的执行情况以及现金流的变动情况。而新型的会计报告将实物信息之外的非货币性质的信息融入会计报告中。海尔的管理会计实践通过将传统的财务报表转化为每个自主经营体的战略损益表、日清表和单酬表，使包括财务在内的各级组织与市场需求精准对接。通过建立零库存和零应收的营运资金管理，实现与供应商与经销商的双赢。

（三）收益观念的变化

会计上定义收益是指来自企业期间交易的已实现收入和相应费用之间的差额。这个差额的确认在传统的会计中以资本是否增值作为分界点。税法上对收益的确认必须是在收到“被投资企业分回的利润之时才能确认”，收没收到的时点改变会造成企业收益在报表上的直接反应。

在海尔的财务创新系统中，建成了标准化管理平台，用统一的标准来衡量企业收益的确认，形成了综合性的收益观念，综合各方面考量，通过搭建统一的标准化流程，建立统一的数据系统，实现了自动化管理。在业务流程全面共享、质量管理和流程标准化、信息一体化方面，通过流程穿刺、科目解析、信息反馈等共享质量管理，从事后的风险发现转化为事前的流程闭环及优化，用主动的风险预警推动业务端改善。

三、财务会计理论创新带来的问题

（一）员工观念跟不上创新趋势

由于信息化财务管理平台的提出，使得一些传统的会计工作者无法接受甚至出现了消极怠工的情况，企业没有办法将这些“老员工”一次性理清，而里边又存在着错综复杂的人事关系。在引进新员工的时候，新员工的理念是否和当前的企业财务管理理念相同也是需要注意的问题。

（二）财务管理信息化制度漏洞频出

软件的施行最终仍旧是通过人工的操作来实现的，虽然我们经常认为机械化比人工操作出现的错误少，但是仍不排除出现错误的可能。在财务信息化管理平台运行过程中，最容易出现的是信息管理制度不健全造成的失误。由于大部分企业只重视信息化平台的建设而忽视了销售阶段，售后服务阶段，经营营销阶段这些阶段的维护，使得在这些阶段中的会计核算出现问题时，并不能及时解决，没有专人负责责任到人，使得制度形同虚设。

（三）会计工作者再教育力度不强

教育，一定要是连续的，不间断地学习的过程，对于处在财务会计理论创新第一线的会计工作者也是一样。通过调研发现，很多已经上线新型系统的企业，会计工作者对新系统、创新理论的学习不积极，企业引导力度也不够大，对于企业下达的一些会计再教育通知置之不理的情况很多。面对会计理论、会计方法的创新，大多数会计工作者的接受能力还很低。

（四）信息化程度高于决策

财务会计职能的转变，使得会计工作者的职能更多地偏向于管理。信息化程度越高，高层领导者决策的重要性就越大。然而在很多企业中，独立董事还没有能够完全发挥出应有的职责。很多董事会和监事会只是在看过财务报表之后，简单地根据报表数据做出决策，并不是综合性判断的结果，最终造成企业决策偏向理论化而不是全面化，这和企业全面发展的期望是相悖的。很多上市的企业没能在财务系统出现问题或者财务决策出现失误以后及时发现，也是董事会只注重信息化会计决策数据而没能行使更好地决策权造成的。

四、应对财务会计理论创新的措施

企业经济管理，一定要做到与时俱进，及时创新，才能永葆生机与活力。

（一）更新观念，培养全员创新意识

随着现代市场经济的快速发展，任何企业要想在这激烈的市场环境中巩固自己的地位就需要不断地更新经营理念，尤其是转变会计理念，实现创新，从众多公司中能够脱颖而出。针对企业经济管理需要不断地变革传统的财务管理人员的理财观念以及培养企业员工的成本控制意识。具体可以将企业的成本管理实行多层次的控制管理，明确企业每个部门的控制责任，成本核算的任务等等，将企业整体规划的成本控制逐层的确立，使得会计成本的确认推行更为细致。让员工们在工作的过程中能够领略成本控制的重要性，从而逐步培养企业员工的自我成本控制意识和行为。此外还可以在企业内部推行成本控制奖惩制度，对于那些成本控制表现优异的员工可以给予一定的奖励，激励更多的员工能够培养成本控制意识，实现企业全面性的成本控制体系，增强企业的市场竞争力。

（二）建立完善的信息化财务管理系统

在企业中建立信息管理制度，对市场的产品信息进行全面的掌握，从而为建立企业的财务管理体系奠定良好的基础。这些信息不仅可以是竞争对手的产品信息、整个市场商品发展的趋势和产品的定价，还包括客户的喜好以及客户的需要等信息，也是企业制定财务系统管理的重要标准。企业通过对市场上客户的需要进行分析，能够正确的处理产品的成本和客户、市场之间的关系，促进企业的快速发展。

（三）促进会计工作者职业再培训的实施

应通过建立一个科学合理的培养、评价、选拔会计人才的竞争机制来调动他们的积极性。多形式、多渠道、多层次开展会计专业在职教育

活动；支持各地区、各部门、各行业和多种办学力量在保证质量的前提下参与会计的在职教育，帮助会计从业人员树立良好的会计职业道德和开展会计诚信建设；加强会计职业道德和职业法规教育，全面提高会计人员素质。此外，企业内部要多支持、多倡导会计工作者开展额外技能的学习，包括组织学习外语技能等，通过建立健全激励机制将会计工作者的学习热情积极调动起来，实现终身学习、终身职业培训学习的目标，为企业人才储备建立基础。

（四）健全独立董事制度和监事会制度

信息化程度的提高，意味着人员的减少，但是也会为一些不法分子借用企业漏洞对企业造成伤害，因此，建立健全独立董事的制度和监事会制度是最好的解决办法，从根源上控制了问题的发生。我国当前的信息化水准已经提高，但是在上市公司监事会这一块的职能作用也应该被重视。首先，应该根据不同公司的不同情况来确定监事会的规模大小，在监事会人员组成上，出资人代表除外也应当有一个外部的人员参与，对于监管而言，也同样需要较高专业的水准。其次，监事的工作也是需要被激励的，一方面激发成员工作积极性，另一方面也要问责出现问题的监事成员，适当做出惩戒。最后，制定监事制度，由持有相关资格证书的专业人员担任监事一职，并且规定凡是担任了本企业的监事人员就禁止其在公司同时拥有其他职务。

第四节　实现财务会计信息数据共享

一、数据共享模式对财务工作的影响

一直以来，会计信息的收集主要以结构化数据为主，大数据时代的到来为我们带来了一种全新的、富有创造力的会计技术环境，在这个背景下会计工作产生了大量的非结构化数据，如各类报表、图形、图像、

音频和视频信息等，企业如果能有效且精准分析这些非结构化数据将会给企业带来巨大的竞争优势和增长潜力。

（一）促使企业的财务工作转型

对企业决策者而言，拥有管理思维模式的财务工作人员，完成企业财务分析和战略制定，可以更好地创造企业效益。传统的财务工作缺乏战略思维，只看重财务、数据、报告，忽视业务、信息、分析等实质性工作，财务人员的大量时间在处理经济业务，信息化水平较低，最终对整个企业的经营管理提供的信息是有限的，而且这些财务数据来自发生过的业务，即历史数据，不会对企业将来的经营期间做出明确的指导。所以数据共享模式下，企业管理层合理配置资源、优化决策，对当前和未来的经济活动进行预测、决策、规划、控制，能够在企业经营管理中发挥更大的作用。

（二）促使企业管理创新

大数据技术推动企业信息化进入新的发展阶段，企业管理方式发生变化，比如扁平化组织形式和商业规则正在形成，新技术和管理的创新融合在一起为管理会计赋予新的内涵。具体说来，在过去企业只局限于应用内部财务数据，现在大数据信息的采集处理，扩展了管理会计的数据范围，使得企业对定额管理，项目造价，经营预测等合理性评估变得可行，同时，也为管理会计深化应用提供了新的路径和方法。

（三）促使会计人员成为管理型会计

面对现在的大环境，随着财务信息化的普及和发展，越来越多的企业需要管理和财务复合型的人才，传统的财务工作很快被智能工作所取代，会计人员要加强学习，提升业务能力，转型成为企业管理型人才，才不会被行业的发展所淘汰。大数据时代，财务部门在企业中也将成为综合性很强的部门，会计人员需要有一定的知识广度，对企业生产经营流程控制、内部管理和财务控制、企业战略决策、风险管控和成本分析等管理方式和具体工作能力提出了更高的要求。所以数据共享模式下，会计人员逐渐形成系统性和管理性思维，熟练地进行会计核算，成为真正的管理型会计，将财务会计与管理会计工作真正融合在一起，才能推动企业价值的实现。

二、数据共享模式下管理会计与财务会计融合的必然性

会计体现了社会生产关系，随着生产力的进步而不断发展。在数据共享下，管理会计和财务会计融合是会计发展的一项重大突破，是对企业会计的深度完善，更是经济发展到信息时代的必然性结合。企业各类财务信息在数据共享下，都要以管理会计的工作要求考虑去扩大信息范围，最终充分发挥会计的职能。

（一）管理会计与财务会计融合的理论基础

从理论上讲，会计学包含了会计和管理两个方面，在实务中，会计部门的管理会计职务与财务会计记账核算人员只是分工上的不同，他们之间是一个完整的会计体系。管理会计和财务会计都是对企业各种资源要素的确认、计量和控制，两者从企业内外不同角度对待企业的经营活动，发挥不同的职能作用，但是目的一致，都是加强企业经营管理，提高企业经济效益，这为两者的融合提供了目标基础。

（二）管理会计与财务会计融合的必然性

分析大数据时代，将全方位地改进企业的商业模式和数据分析思路，而且由于信息技术、电子商务等交易方式不断创新，催生了很多新型业务，管理会计和财务会计的融合，就是将企业的财务活动同管理行为紧密联系在一起，从业务开始时就介入其中，并给出信息化数据去支撑经营决策。随着大数据技术的进一步深入，两者有序地融合还会进一步促进企业实现管理会计信息化，使企业在新的发展时期，经营预测、预算管理、运营分析、成本管理活动能够顺畅地开展，最终实现企业战略发展目标。

三、数据共享模式下财务会计向管理会计转型存在的问题

现在，我国只有经济发达地区的优质企业中强调了管理会计的功能，并积极推进其在企业中的实际应用，但是在大多数企业中仍然未有效地运用管理会计，没有建立一套管理会计应用体系。

（一）缺乏会计工作转型意识

企业认为财务部门是非核心部门。管理者认为，财务会计做好日常核算，编制报表、申报纳税等工作，不需要参与到企业管理和决策中去。但是目前我国企业普遍存在管理会计发展水平低的现实情况，更没有认识到大数据下管理会计信息化的重要性，忽视管理会计信息化实际就是面向管理会计的财务信息化，这些都直接制约了财务会计向管理会计的转型。这些都是企业缺乏会计工作转型的意识所带来的停滞不前，忽视信息时代给企业带来的翻天覆地的变化，很多企业的财务工作仍停留在电算化的阶段。

（二）会计人员工作能力有限

企业中的会计人员不仅要有专业知识和业务处理能力，大数据时代，管理会计的发展离不开信息化的支持，此时还需要会计人员熟悉统计和运筹技术，掌握数据分析能力，能够对经营问题直面分析论证，并提出相应策略去解决问题，而这些恰恰是现在企业会计人员所缺乏的，业务素质不高，工作能力有限是会计工作的转型中的最大障碍。

（三）财务数据的安全性有待进一步保障

大数据时代背景下，数据传输速度快，网络病毒和黑客入侵，网络安全受到了很大挑战，对企业管理会计工作也带来了风险考验。此外，数据的受众人数越多，其被窃取和泄露的可能性就越大。企业内部人员有可能因为职业道德的缺失而泄露企业的财务数据，尤其是核心财务数据，这些都会给管理会计的安全性带来冲击。所以，为了有效提高企业

数据安全性，促进财务会计和管理会计的融合发展，需要进一步保障企业管理会计安全性。

四、加强数据共享模式下财务会计和管理会计有效融合的可行性建议

中国企业已积累了一定的会计工作经验，会计工作取得了显著的成果，但是，中国企业内部管理会计的运用还不普遍、不精细。同时，企业经营的市场化、国际化和信息化又日益成为中国企业管理会计必须发展的基本动因。当时在大数据背景下，在企业的运营模式，业务决策确定的过程中，财务必须参与进去，会计人员要从业务的角度去探讨项目是否可行，进一步融入企业未来业务发展和对应的资源配置等具体问题中去，这是不可阻挡的历史潮流。

（一）建立数据共享的基本运行机制

我国企业对管理会计应用现状不仅体现在应用管理会计普及度上，也体现在企业对信息与数据的获取与处理深度上，所以进一步提升企业对业务财务数据与信息的获取与处理能力是企业有效应用管理会计的关键所在。构建财务与业务的数据共享平台，有效融合业务系统、ERP系统、预算平台、数据分析平台等多重数据来源，为企业提供多方面、多层次的管理分析和经营决策支持。根据财政部倡导建立管埋会计指导下的财务共享中心，其财务核算方式颠覆了传统的财务会计的工作方式，流水线的运作模式，借助于标准化的流程、精细的专业分工和信息技术，提高财务工作效率，也为企业管理报告提供一个贯通上下，融合业务和财务的立体式数据支撑体系，使企业低成本地获得大量的业务和财务数据，为管理会计报告的编制提供基础。

（二）转变高层管理者和会计人员的观念

会计工作强调专业性和技术性，企业管理者必须意识到企业绝对不能只停留在财务会计层面上，积极推动企业会计工作转型升级，和管理会计结合，突出价值链管理。同时随着企业运营越来越强调一体化，要

求财务活动与经营管理也要一体化所以在大数据时代，需要企业管理者有一个根本意识的转变，从原来重视资本市场和筹资融资活动，转向更加重视实体经济，从而提升对管理会计的重视程度。而企业会计人员也要转变观念，打破现有工作定势和思维惯性，除了专业知识，管理能力也必须提升，因为只有学会利用大数据技术对企业运营风险、发展前景进行分析与评估，才能给管理决策者提供有价值的参考意见，帮助企业实现价值最大化。

（三）构建企业管理会计信息化

虽然大数据时代的到来给企业带来巨大的数据信息，且数据是纷杂的，企业只要建立良好的数据处理平台，充分掌握一定的数据处理能力，就能够将管理会计和财务会计更好地融合在一起。传统的会计核算工作，需要大量人力物力，处理速度慢、效率低。管理会计信息化，是会计工作发展大趋势。同时，企业管理者依靠建立的多维度、多层次的核算理念和会计数据体系进行科学的预测，并运用管理会计的技术方法，制定正确的，符合企业实际情况的经营和考核政策，促进企业提升管理水平和价值创造，最终减少企业经营风险。

（四）发掘数据的价值，实现管理智能化

大数据时代，企业要结合自身的实际情况，创新出新的管理会计工具，以促进管理会计和财务会计的融合，比如预算管理、战略管理、作业成本管理、本量利分析、平衡计分卡。具体来说，挖掘数据价值，实现管理智能化，企业以价值为导向，加强数据、计算能力、模型、算法各方面的能力，充分利用管理会计工具，实现数据和管理的智能化。

参考文献

[1]陈秋景.信息化时期企业财务管理内控与建设的若干思考[J].时代商家,2024(24):12－14.

[2]丁淑芹,王先鹿.高等院校工商管理类创新课程体系教材财务软件应用第3版[M].沈阳:东北财经大学出版社,2023.

[3]房芳,王娜,米光鑫.智能时代财务管理及其信息化[M].北京:中国商业出版社,2021.

[4]冯大松.浅谈建筑企业财务管理信息化的建设[J].时代商家,2024(19):34－36.

[5]韩雯.企业财务管理与会计内控制度体系建设[M].长春:吉林出版集团股份有限公司,2023.

[6]季树海.建设司库管理体系助力财务数字化转型[J].山东国资,2024(C1):138－139.

[7]孔祥坤.智能化时代财务管理及其信息化[M].长春:吉林大学出版社,2018.

[8]劳爱琴.建装装饰企业财务管理信息化建设的问题与对策探讨[J].时代商家,2024(23):33－35.

[9]李莉.高等院校工商管理类创新课程体系教材高级财务会计第2版[M].沈阳:东北财经大学出版社,2019.

[10]李莉.高等院校工商管理类创新课程体系教材高级财务会计第3版[M].沈阳:东北财经大学出版社,2022.

[11]李彦明.墨香财经学术文库企业财务管理与内部控制体系构建[M].沈阳:东北财经大学出版社,2023.

[12]刘丹.基于业财融合的企业财务管理信息化建设优化探讨[J].时代商家,2024(23):27－29.
[13]饶鹏辉.建筑施工企业财务管理信息化建设存在的问题及对策探讨[J].时代商家,2024(22):9－11.
[14]邵明.新时期高校财务管理绩效评价体系构建研究[M].吉林出版集团股份有限公司,2021.
[15]世界一流财务管理体系建设与评价课题组.世界一流财务管理体系建设与评价课题研究报告上[M].北京:机械工业出版社,2023.
[16]苏美玲.医院财务管理信息化建设现状及发展对策探讨[J].时代商家,2024(23):18－20.
[17]唐琦.业财融合背景下企业全面预算管理的优化策略[J].时代商家,2024(24):45－47.
[18]王谦.大数据时代财务管理信息化建设创新研究[M].吉林出版集团股份有限公司,2024.
[19]王志娟.浅谈建筑装饰企业财务管理信息化的建设[J].时代商家,2024(23):9－11.
[20]徐静,姜永强.企业财务管理与内部控制体系构建[M].吉林出版集团股份有限公司,2018.
[21]徐霞.大数据时代高校档案管理信息化建设研究[J].数字化用户,2024(32):59－60.
[22]杨建华.事业单位财务管理和会计核算体系研究[M].北京:北京工业大学出版社,2017.
[23]杨建荣.高等职业学校财务管理体系研究[M].天津:天津人民出版社,2018.
[24]张登洲.基于高质量发展的企业集团财务管理体系[M].北京:电子工业出版社,2024.
[25]张丽.高校财务管理信息化建设研究[J].消费导刊,2024(20):122－125.

[26]张敏.业财融合背景下企业财务报表分析问题研究[J].时代商家,2024(22):36—38.

[27]张庆龙.迈向世界一流企业财务管理体系[M].北京:中国财政经济出版社,2023.

[28]张瑞君.e时代财务管理管理信息化理论与实践的探索[M].北京:中国人民大学出版社,2002.

[29]张思嘉.现代企业财会信息化建设问题及应对策略[J].山西财经大学学报,2024(A1):202—204.

[30]赵丽,陈熙婷.智能时代的财务管理及其信息化建设[M].汕头:汕头大学出版社,2023.

[31]周露.一流财务管理体系设计与创新实践[M].北京:中国财政经济出版社,2023.